SCHUBART · GEDICHTE. DEUTSCHE CHRONIK

*Christian Friedrich Daniel Schubart. Kupferstich von E. Morace nach einem Gemälde von August Friedrich Oelenhainz (1787)*

CHRISTIAN FRIEDRICH DANIEL SCHUBART

# Gedichte

# Aus der »Deutschen Chronik«

HERAUSGEGEBEN VON
ULRICH KARTHAUS

PHILIPP RECLAM JUN. STUTTGART

Universal-Bibliothek Nr. 1821 [2]

Schrift: Linotype Garamond-Antiqua. Printed in Germany 1978
Herstellung: Reclam Stuttgart
ISBN 3-15-001821-8

# Gedichte

## *Schneiderlied.*

Als einst ein Schneider wandern soll,
Weint er und schrie er sehr:
O Mutter lebe ewig wohl
Mich siehst du nimmermehr!
Die Mutter weint entsetzlich
Das laß ich nicht geschehen
Du sollt mir nicht so plötzlich
Aus deiner Heimat gehen.

O Mutter, nein, ich muß von hier,
Ist das nicht jämmerlich!
Mein Büble, ich weiß Rath dafür,
Verstecken will ich dich.
In meinem Taubenschlag
Verberg ich dich mein Kind,
Bis deine Wandertag
Gesund verflossen sind.

Mein guter Schneider merkt sich dies
Und thut als gieng er fort,
Nahm traurig Abschied und verlies
Sich auf der Mutter Wortt.
Doch abends nach der Glocke
Stellt er sich wieder ein
Und kroch gleich einem Bocke
In Taubenschlag hinein.

Hier gieng er auf die Wanderschaft
Im Schlage auf und ab,

Und wartete, bis ihm zur Kraft
Die Mutter Nudeln gab.
Am Tag war er auf Reisen
Und ach! in finstrer Nacht,
Da hat er mit den Mäusen
Und Ratten manche Schlacht.

Einst hatte seine Schwester Streit
Nicht weit von seinem Haus
Er hört, wie seine Schwester schreit
Und guckt zum Schlag hinaus.
Mein Schneiderlein ergrimmte,
Macht eine Faust und droht:
»Wär' ich nicht in der Fremde,
Ich schlüge dich zu todt!«

## *Klage.*

Kein Cedernbaum von Libanon,
Kein Lorbeer aus Apollos Haine,
Kein Pindus und kein Helikon
Zum Göttersitze für die Neune –

Kein Tempe blühet um mich her,
Kein Schäferland, der Zeiten Wunder;
Mein Himmel hängt von Donnern schwer,
Schwarz wie die Nacht, auf mich herunter.

Aus keinem dunklen Busche wallt
Für mich ein Lied der Philomele,
Aus Trümmern alter Schlösser schallt
Des Uhus Gram aus rauher Kehle.

*Tempe:* Tal in Thessalien, galt als eine der schönsten Gegenden des antiken Griechenland.
*Philomele:* Schwester der Prokne, der Gemahlin des Tereus, auf der Flucht vor ihm in eine Nachtigall verwandelt.

Dank sey es der Philosophey!
Dank sey es unserm Witze! frey.
Jetzt fesseln uns mit Blumenketten,
Ein Schwarm muthwill'ger Amoretten,
Und leiten uns zu Rosenbetten,
Umhüpft von jungen Zephyretten,
Frisirt, gepudert, mit Manschetten,
Schön, ganz Natur, wie – Marionetten.

## *An Zill.*

Zill, der Apokalyptikus,
Bewies mit einem tapfern Schluß,
Daß einstens mit den Frommen
Auch Thiere in den Himmel kommen.
O, schrie sein altes Weib, und freut sich inniglich,
O welch ein Trost vor dich und mich!

## *Physiognomik der Todtenschädel.*

Der große Schädel, nur halb kahl,
Mit breiter Stirn und hart, wie Stahl,
Und diese Knochen, fest wie Stein,
Wem mögen sie gewesen seyn? –
Dumpf sprach der Genius, der um das Beinhaus schwebt,
Es war ein *Deutscher*, der Natur-gemäß gelebt.
Und dieses Schädelein hier
So weiß und dünn, wie Postpapier,
Und diese Gebeinlein darbey,
Wie Marzipan weiß und weich, wie Brey,
Wer war dann dieß?
*Ein Geck aus Paris.*

*Zill:* Gemeint ist Spezial (Superintendent) Zilling in Ludwigsburg.

## *Freyheitslied eines Kolonisten.*

Hinaus! Hinaus ins Ehrenfeld
Mit blinkendem Gewehr!
Columbus, deine ganze Welt
Tritt muthig daher!

Die Göttinn Freyheit mit der Fahn –
(Der Sklave sah sie nie)
Geht – Brüder, sehts! sie geht voran!
O blutet vor sie!

Ha, Vater Putnam lenkt den Sturm,
Und theilt mit uns Gefahr.
Uns leuchtet wie ein Pharusthurm
Sein silbernes Haar!

Du gier'ger Britte, sprichst uns Hohn? –
Da nimm nur unser Gold!
Es kämpft kein Bürger von Boston
Um sklavischen Sold!

Da seht Europens Sklaven an,
In Ketten rasseln sie! –
Sie braucht ein Treiber, ein Tyrann
Für würgbares Vieh.

Ihr reicht den feigen Nacken, ihr,
Dem Tritt der Herrschsucht dar? –
Schwimmt her! – hier wohnt die Freyheit, hier!
Hier flammt ihr Altar!

*Putnam:* Israel P. (1718–90), amerikanischer Generalmajor.
*Pharusthurm:* Pharusturm; Leuchtturm (nach dem 280/279 v. Chr. auf der Insel Pharos bei Alexandria als Tageszeichen für die Schiffahrt errichteten und seit der Mitte des 1. Jh.s als Leuchtturm verwendeten Turm, der als eines der sieben Weltwunder galt).

Nie seh' ich, falscher Bacchus, dich
Aus der krystallnen Flasche winken,
Mit Fischen muß ich kümmerlich
Im Wasser meinen Durst vertrinken.

Statt weicher Rasen sitze ich
Auf zugespitzten harten Felsen,
Und seh' es, wie sich fürchterlich
Die Ströme in die Thäler wälzen.

Wenn giftgeschwollne Hydern mir
Die dreigespitzte Zunge weisen;
So flieh' ich, daß die Dornen mir
Das Fleisch von meinen Fersen reißen.

Ich trage – Schweiß im Angesicht!
Die Last herkulischer Geschäfte;
Nur Herkuls Keule hab' ich nicht,
Und seiner Schultern Riesenkräfte.

Doch mitten in dem Kummer braust
In meiner Brust olympisch Feuer,
Und stürmend schlägt die kühne Faust
Die Silbersaiten meiner Leier.

Oft tönt sie wie ein Wetter laut,
Um meine Furcht zu überschreien,
Wenn der erschrocknen Seele graut
Vor Stürmen, die ihr zürnend dräuen.

Wenn zahlreich, wie ein Bienenschwarm,
Die Narren sich um mich verbreiten;
So zupft ein Satyr mich beim Arm
Und deutet komisch auf die Saiten.

*giftgeschwollne Hydern:* Die Hydra war ein sagenhaftes Ungeheuer mit vielen Köpfen; für jeden abgeschlagenen wuchsen zwei neue. Herkules tötete sie mit Pfeilen, deren Gift aus ihrer Galle stammte.

Dann brummt der Baß zu ihrer Schmach
In Juvenalischen Gesängen:
Der Satyr geißelt hinten nach,
Und lehrt die fetten Thoren springen.

Doch schleicht die Elegie mir nach
Mit rothem Aug' und starren Füßen;
So lass' ich einen Thränenbach,
Wie Blut aus Abels Wunde, fließen.

Fällt einst mein Trost, die Leier, mir
Aus zitternden entnervten Händen;
So mag Apoll an Gräbern hier
Mein durchgeseufztes Leben enden.

## *Auf die Leiche eines Regenten.*

*Mel.* Alle Menschen müssen sterben.

Seyd ihr, Götter dieser Erde,
  Seyd ihr Menschen, gleichwie wir?
O! so zittert! – Der Gefährte
  Eurer Größe lieget hier.
Steigt von goldnen Stuffen nieder
Zu den Särgen eurer Brüder;
  Denkt beym Leichenpompe heut
  Auch an *eure* Sterblichkeit.

Habt ihr, wann der junge Waise
  Vor euch klagte, auch gehört?
Und den fetten Bauch vom Schweiße
  Einer Wittwe nie genährt?

*In Juvenalischen Gesängen:* Decimus Junius Juvenalis, zwischen 50 und 70 n. Chr. geb., nach 127 gest., römischer Satiriker.

Doch winkt uns Vater Putnam nicht?
Auf, Brüder, ins Gewehr! –
Wer nicht für unsre Freyheit ficht;
Den stürzet ins Meer!

Herbey, Columbier, herbey!
Im Antlitz sonnenroth!
Hör, Britte, unser Feldgeschrey
Ist's *Sieg* oder *Tod*.

## *In eine Meßiade.*

Willst du dich auf gen Himmel schwingen,
Und hören, wie die Engel singen,
Und hören, was Jehovah spricht:
So ließ dieß göttliche Gedicht.

Willst du den Mittler hangen sehen,
Ach! auf des Schädelberges Höhen
Mit Jammerbleichem Angesicht:
So ließ dieß christlichste Gedicht.

Willst du dich in die Hölle wagen,
Und hören, wie Satane klagen,
Gedrückt vom furchtbarsten Gericht:
So ließ dieß schreckliche Gedicht.

Willst du Gefühle, die dich ehren,
In einer deutschen Brust ernähren,
Dich stärken zu Beruf und Pflicht;
So ließ dieß menschlichste Gedicht.

Willst du in süßen Phantasien
Von Ahndung jenes Lebens glühen,
Und wünschen, daß dein Auge bricht:
So ließ dieß himmlische Gedicht!

## *Lied eines Schwabenmädgen.*

Ich Mädgen, bin aus Schwaben,
  Und braun ist mein Gesicht:
Der Sachsenmädgen Gaben
  Besitz ich freylich nicht.
Die können Bücher lesen,
  Den *Wieland*, und den *Gleim*;
Und ihr Gezier und Wesen
  Ist süß, wie Honigseim.
Der Spott, mit dem sie stechen,
  Ist scharf, wie Nadelspitz;
Der Witz, mit dem sie sprechen,
  Ist nur Romanenwitz.
Mir fehlt zwar diese Gabe,
  Fein bin ich nicht und schlau;
Doch kriegt ein braver Schwabe
  An mir 'ne brave Frau.
Das Tändeln, Schreiben, Lesen
  Macht Mädgen widerlich;
Der Mann, vor mich erlesen,
  Der ließt einmal vor mich.
Hör, Jüngling, bist aus Schwaben?
  Liebst du dein Vaterland?
So komm, du sollst mich haben.
  Schau, hier ist meine Hand!

## *Loblied auf den Punsch.*

Die grösten Dichter bey den Alten
  Die haben aus Unwissenheit
Wein für der Götter Trank gehalten;
  Allein sie irrten himmelweit!

Der Wein versüßet zwar das Leben,
  Und kann mehr als Philosophie
Uns über Glück und Unglük heben;
  Doch Trank der Götter war er nie!

Sie tranken aus den goldnen Schaalen
  Nicht Wein – Ihr Nektar war der Punsch!
Punsch war bey ihren frohen Mahlen
  Des ganzen Himmels höchster Wunsch!

Wenn Juno ihrem Herrn Gemale
  Nach Weiberart Verdruß gemacht;
So trank er Punsch aus seiner Schaale,
  Küßt Ganymeden dann, und lacht!

Punsch trank Vulkan, der Gott der Schmiede,
  Wenn er sich bey der Oeß verbrannt:
Und wenn er von der Arbeit müde
  Den Mars bey seinem Weibchen fand.

Punsch tranken sie, die seelgen Götter!
  Auch ich trink ihn – und bin ich gleich
Kein Gott, und keines Gottes Vetter;
  So ist er doch mein Himmelreich.

## *Der rechte Glaub.*

Eine Legende aus einem alten Buch.

Einst wandelten zur Himmelspfort
Drey abgeschiedne Seelen fort.
Den Stuhl von Rom verehrte der,
Und zwey Kalvins und Luthers Lehr.
Der Päbstler wollt der erste seyn,
Und schrie: Sankt Peter, laß mich 'nein!

Der Eiferer vom Lutherthum
Sprach: Geh ins Purgatorium!
Lutherus hat die Straße *Mir*
Gebahnet zu des Himmelsthür! –
Darauf entstand gar großer Streit
Von Himmel, Höll und Seeligkeit!
Von Christen und von Heidenlohn,
Von Transsubstantiation,
Vom Glauben und von Werken gut
War gar ein schrecklicher Disput.
Der Kalvinist sprach: Schweigt einmal,
Ich halt mich an die Gnadenwahl!
Drauf hub der Streit von neuem an,
Und noch wards Thor nicht aufgethan.
Doch endlich war Sankt Peter müd
Des Lerms und bot den Zänkern Fried.
Gukt durchs halb offne Thor, und spricht:
Für Zänker ist der Himmel nicht! –
Und schlug die goldne Pforte zu.
Der Zänker Hauf gab sich zur Ruh,
Setzt sich auf eine Wolkenbank,
Und dacht': 's ist wahr, was nuzt der Zank!
Das Ketzermachen und der Spott!
*Wir glauben all an Einen Gott!*
So sangen sie mit großem Schall.
Die Engelein hörtens allzumal
Und waren alle hoch erfreut
Ob ihrer Lieb und Einigkeit.
Sankt Peter kam und machte drauf
Des Himmels Pforte wieder auf,
Und sprach in Freud: Dieß hör' ich gern;
Kommt ihr Geseegnete des Herrn!
Die Dreye eilten Hand in Hand
Nun in ihr himmlisch Vaterland.

Seyd ihr willig, reiche Sklaven
Schwarzer Laster zu bestrafen?
  Helfet ihr dem Tugendfreund,
  Wann er hülflos vor euch weint?

Fröhnt ihr selber nicht den Lüsten,
  Die ihr scharf an andern straft?
Seyd ihr Bürger, seyd ihr Christen?
  Seyd ihr weis und tugendhaft?
Sieht man nie von stolzen Höhen
Euch verächtlich niedersehen?
  Kennt ihr eure Richterpflicht? –
  O! so kommt, und zittert nicht.

Denn hier lieget ein Regente,
  Der Verlaßnen Gutes that,
Und die richterlichen Hände
  Nie mit Blut gefärbet hat;
Der auf Lasterthaten blitzte,
Und der Wittwen Recht beschützte;
  Der dem Waisen und der Noth
  Willig seine Hände both.

Unpartheyisch, wie der Sonne
  Warmer, seegenschwangrer Strahl,
Der den Cedern ströhmet Wonne,
  Und dem Veilchen in dem Thal,
Strahlt' von seines Stuhles Höhen
Allgemeines Wohlergehen
  In der Reichen Marmorhaus,
  Und in arme Hütten aus.

Noch in halbentnervten Händen
  Trug er den Regentenstab,
Und das Schwerdt an schlaffen Lenden,
  Das Gerechtigkeit ihm gab.

Und, wie Helden, wann sie sterben,
Sprach er, ohne zu entfärben:
GOtt, hier ist die schwere Last,
Die du mir vertrauet hast.

Aufgelöst in Thränen schwanken
Arme hinter seiner Bahr;
Stimmen der Verlaßnen danken
Ihm, der ihre Stütze war.
Goldne Zierde deines Standes,
Vater unsers Vaterlandes,
Unser unerkauftes Ach!
Flieget deiner Seele nach.

Große, hebt die Angesichter
Ueber jene Sternenbahn!
Dorten treft ihr euren Richter,
Wie der ärmste Bettler, an;
Ihn, vor dessen Ungewittern
Auch der Cedern Wipfel zittern.
Drum so übt noch in der Zeit
Tugend und Gerechtigkeit.

## *Gellert's Grabschrift.*

1770.

Hier liegt – steh Wanderer, und schau!
Die Wahrheit schreibt:
»Der beste Mann für eine Frau –
Und unbeweibt.
Der beste Vater eines Sohns –
Und ohne Sohn.
Der Würdigste des größten Lohns,
Und ohne Lohn.

Der erste Weise seiner Zeit –
Und ohne Rang.
Es lauschten alle Söhne Teut's
Wenn Gellert sang.
Sein Lohn ist dieser schlechte Stein.« – –

Der Wandrer geht,
Wünscht alles in der Welt zu seyn,
Nur kein Poet.

## *Der Wolf und der Hund.*

Zum Hunde, der die ganze Nacht
An seiner Kette zugebracht,
Und wann der Tag zu grauen fieng,
Auf's Gay mit seinem Mezger gieng.
Sprach einst ein Wolf: Herr Bruder, wie so mager,
So schäbicht, und so hager!
Du armer Hund!
Da sieh mich an, wie froh und wie gesund
Ich bin! – Ich rieche nach der Luft.
Mein Wolfsbalg athmet frischen Duft,
Ich fresse dir mit gleicher Lust, Herr Bruder,
Bald frisches Fleisch, bald Luder,
Denn leck' ich klaren Quell, und bin
Den ganzen Tag von frohem Sinn; –
Du aber ach! versetzte Melak, ach!
Herr Bruder, nur gemach;
Drum bist du Wolf; ich Hund – du frey;
Ich aber in der Sklaverey.

Und die Moral? – o die ist jedermann bekannt
In Deutschland und in Engelland.

*Gay:* Gau, veralt. für ›Land‹ im Gegensatz zu ›Stadt‹; Bedeutung: aufs Land gehen, um Schlachtvieh zu kaufen.

## *Der Hahn und der Adler.*

Eine Fabel ohne Moral.

Ein Fürst war einem Hahnen hold; –
»Warum nicht gar! Was? einem Hahnen?«
Ja, ja, er liebt' ihn mehr, als seine Unterthanen. –
Sein Kamm war Purpur, seine Federn Gold.
Dumm war er zwar, jedoch sein Kikriki,
Galt an dem Hofe vor Genie.
Kein Höfling durfte sich erdreusten
Dem Hahnen was zu thun. Ihn speißten
Prinzeßinnen mit eigner Hand,
Und schmückten seinen Halß mit einem goldnen Band.
Der Hofmann ehrte ihn, der oft vor Neid erstickte,
Wann sich die Dame niederbückte,
Und er die Perlenschnur am Marmorarm bepickte.
An einem Morgen flog der Hahn
Hinab in Garten, schlug die Flügel
Und krähete von einem Rasenhügel
Den goldnen Morgen an.
Ein Adler flog vorbey. Der stolze Haushahn schrie
In seiner schmettrenden Trompetenmelodie:
Wohin, Herr Bruder! schon so früh? –
  Quälst du dich noch mit Sonnenflug?
  Zu deinem Glück ist's schon genug
  An einem Hahnenflügelschlage. –
  Komm, und genieße goldne Tage! –
  Die Könige bewundern dich,
  Dich speisen Fürstinnen mit hoher Hand, wie mich,
  Was willst du dich mit Donnerkeulen plagen?
  Kann Zevs sie dann nicht selber tragen? –
Schweig, sprach mit einem ernsten Blicke
Der Sonnenflieger zu dem Hahn
Ich fliege nach der Wolkenbahn;
Du aber bleibst im Staub zurücke.
Ein Schwäzer, leer wie du, ists werth,

Daß ihn der goldne Höfling ehrt.
Ihr Beyfall und ein Band ziemt deinem Hahnenwitze;
Ich aber fliege zu dem Sitze
Des Donnerers und trage Blitze,
Und der Olympus sieht mich lächlend an.
Selbst Vater Zevs, der donnern kann,
Gibt mir zum Lohne väterliche Blicke,
Dann eil' ich stolz zum Felsennest zurücke.
Und Teuts erhabnes Bardenchor
Singt aus dem Eichenhain zu meinem Felß' empor.
Vor trunkner Wollust schlummr' ich hin,
Und fühl's – daß ich ein Adler bin.

## *Mährchen.*

Es starb 'nmal ein Bäuerlein,
Sein Engel, – hell, wie Sonnenschein,
Mit einem güldnen Stabe wies
Dies Bäuerlein ins Paradies.

Es gieng an den bestimmten Ort
Auf einer Morgenröthe fort;
Kam an das Thor von Diamant,
Und klopfte sittsam mit der Hand:

*St. Peter* hütete die Thür,
Und schrie: »Nun, wer ist wieder hier?«

*Teut:* ein im 18. Jh. erfundener altgermanischer Gott, dessen Name vom Volksnamen Teuton abgeleitet und der mit Tuisto (vgl. Tacitus, *Germania*, Kap. 2) identifiziert wurde.

Ludwig Schubart schreibt zu diesem Gedicht 1798: »Ein Märchen von ihm in Hans Sachsens Manier: ›Es starb einmal ein Bäuerlein etc.‹ wurde zu Augsburg verbrannt, weil die Pfaffen etwas übel darin wegkamen, und geriet eben dadurch so allgemein in Cirkulation, daß man es noch heute auf Bierbänken und Zunftschmäusen hören kann.« (*Leben und Gesinnungen*, Bd. 2, Stuttgart 1793, S. 152.)

»Ich bin ein armer Bauersmann,
Der auf der Erde nichts gethan,
Als seine Felder angebaut,
Mit einem Weibe sich getraut,
Die mir zum Stecken und zum Stab
'N Duzend derbe Buben gab.
In meinem Leben gab ich gern
Die Steuren meinem gnäd'gen Herrn;
Ich glaubte, was der Pfarrer sprach,
Kam treulich seinen Lehren nach;
Und zahlt' ihn redlich, wie mich deucht,
Für seine Predigt, Beth, und Beicht.
Ich starb. Er salbte mich mit Oel;
Ein Engelein wies meine Seel'
Zu dir ins Paradies herauf:
O heil'ger *Peter* mach mir auf!!«

Nun öffnete die Pforte sich,
*St. Peter* sprach: Ich lobe dich,
Du guter Mann verdienst gewis
Ein Pläzchen in dem Paradies.
– Du sollt's auch haben: Aber, heut
Mein Bäuerlein, fehlt mir die Zeit.
Wir feyren heut ein groses Fest,
Das mich an dich nicht denken läßt.

Geh dort in jene Laube hin,
Gewölbt von himmlischem Schasmin,
Und warte, bis ich komme, da,
Beim Nektar und Ambrosia! –

Das Bäuerlein sprach: Habe Dank!
Sezt' sich auf eine Veilchenbank,
Und wartete, bis Peter rief:
– Erhabne Stille herrschte tief.

Doch plözlich sprang das goldne Thor,
Der ganze Himmel war *Ein Chor:*
Es schwamen süsse Simfonien
Durch den entzückten Himmel hin;
Der Schatten eines Priesters schwebt
Herauf, vom Lobesang erbebt
Der Himmel: *»Leuchte wie ein Stern,*
*Komm du Gesegneter des Herrn!«*

Mit Abraham und Isaak saß
Der Seelige zu Tisch, und aß
Das erstemal Ambrosia;
Und *Amen*, und *Hallelujah!*
Sang laut der Serafimen Chor
Um des entzückten Priesters Ohr.

Und erst am Himmelsabend kam
St. Peter vor das Thor, und nahm
Mit sich den armen Bauersmann,
Und wies ihm auch sein Pläzchen an.

Der Bauer faßte wieder Muth,
Und sprach: »Herr Peter, sei so gut,
Und sag' mir, warum war denn heut
Im Himmel solche grose Freud?«

»Sahst du's dann nicht«, sagt Peter drauf,
»Ein frommer Priester schwebt' herauf?
Drum hat ob seiner Seeligkeit
Der Himmel solche grose Freud!«

»So müssen« – fiel der Bauer ein,
»Im Himmel lauter Feste seyn,
Weil's ja viel tausend Priester giebt,
Und jeder seinen Herrgott liebt?«

St. Peter lachte laut dazu,
Und sprach: »Du liebe *Einfalt* du!!
Ich, der ich bald *zweitausend Jahr*
Thürhüter in dem Himmel war,
Hab' vor den Pfaffen gute Ruh; –
Doch solche Baurenkerls wie du,
Die kommen oft so häufig an,
Daß ich sie nimmer zählen kann.«

Dies Mährchen hat *Hans Sachs* erdacht,
Und es in Knittelvers gebracht:
Doch – ärgert dich's, mein frommer Christ,
So denk, daß es ein Mährchen ist!!

## *An Stupor.*

Herr Stupor spricht: bey meiner Ehre!
Kein *Deutscher* hat Genie!
»Sie hätten recht, Herr Stupor, wäre
Das ganze Volk so dumm, wie *Sie*!«

## *Das Glück der Empfindsamen.*

Weg, Plutus, mit der goldnen Gabe!
Bin ich nicht reich genug? Ich habe
Ein Herze voll Gefühl.
Da nimm dein Gold! und gib's den Reichen,
Die steinernen Colossen gleichen!
Ich habe schon zu viel.

Ein Frühlingstag, ein Sommermorgen
Zerstreuet alle meine Sorgen.
Es darf die Lerche nur

Hoch in den blauen Lüfften trillern;
So wandl' ich froher in der stillern
Mit Thau bedeckten Flur.

Gedrückt vom widrigen Geschicke,
Verlaß ich Stadtgetös, und pflücke
Ein Blümchen auf der Au.
Fällt auch ein Zährchen hin und wieder
Aufs weiße Wiesenblümchen nieder;
So denk' ich, es sey Thau.

Oft spiel' ich klagend auf dem Flügel,
Wenn Luna glänzt. Von Sions Hügel
Kommt Göttinn Harmonie,
Und haucht Begeistrung in die Finger,
Und jenes Lebens Trost. Geringer
Wird dann der Schmerz durch sie.

Jüngst wünscht' ich mir den Tod! Da lauschte
Mein Minnchen in dem Busch' und rauschte
Hervor im Sonnenhut;
Gleich seufzt' ich nimmer um mein Ende;
Denn Minna drückte mir die Hände;
Und sprach: Ich bin dir gut.

Wenn Arme an den Dornenstäben
Gekrümmt vor meiner Hütte beben;
Da klopft mir zwar die Brust:
Doch, wenn ich eine kleine Gabe
Bey eigner Armuth übrig habe;
So fühl' ich Engellust.

Ich wohne gern in meiner Hütte.
Gewähre mir nur eine Bitte,
Wohlthätige Natur!

*Sions:* Lies ›Zions‹.

Nie will ich mich der Armuth schämen;
Du darfst mir alles, alles nehmen;
Mein Herze laß mir nur!

## *An Lischen.*

Ein Baurenlied.

Liebes Lischen, laß mich doch
Nur ein wenig klagen!
Eile nicht, ich habe noch
Vieles dir zu sagen.

Seit der Ernde bin ich dir
Täglich nachgeschlichen;
Aber listig bist du mir
Immer ausgewichen.

Sieh, ich bin dir gut, und du
Hältst mich immer schlechter;
Ja, ich werde noch darzu
Allen zum Gelächter.

Weißt du noch? Am Erndetanz
Sprangest du so munter;
Und da fiel der Blumenkranz
Dir vom Kopf herunter.

Husch! da griff ich eilends zu,
Dachte voll Entzücken,
Für die Mühe würdest du
Dankbarlich mir nicken.

Losgegangen war ein Band,
Das ergrief ich sachte,

## *Schlittenlied.*

Schon wiehert der Schimmel
Sein muthig Geschrei;
Er stampft; denn es glitten
Geflügelte Schlitten
Am Stalle vorbei.

Was wichsest du, Kutscher
Den Schnurrbart? – Spann' an!
Und schirre den Schimmel;
Denn schön ist der Himmel
Und prächtig die Bahn.

Hop! heisa! Wie fliegt schon
Der Schlitten dahin!
In sausender Eile,
Wie zischende Pfeile,
So fliegt er dahin.

Schon hängt an der Mähne
Ein silberner Duft;
Der Himmel ist heiter,
Die Seele wird weiter
Und schwimmt in der Luft.

Harmonische Glocken
Ertönen wie schön!
Welch himmlische Klänge,
Wie Vogelgesänge,
Wie Flötengetön!

Es schüttelt der Schimmel
Der Schellen Musik;
Kling, ling, ling, wir lassen
Geglättete Straßen
Im Fluge zurück.

Dort zittert im Froste
Ein weibischer Thor,
Ein menschliches Häschen,
Der's weidliche Näschen
Beinahe verlor.

Doch laßt es dort zittern,
Das Männchen von Brei!
Es klatsche die Peitsche,
Wir rollen als Deutsche
Im Fluge vorbei.

Schon sprudelt die Flasche
Vom rheinischen Most;
Trinkt, fröhliche Brüder,
Wein, Mädchen und Lieder
Verjagen den Frost.

## *An den Hutmacher Städele in Memmingen.*

Hanns Marx von Hochgebohrnem Blut
Bestellt bey dir 'n neuen Hut,
Recht fein gestutzt, klein, flüchtig, süß,
Nach Geckenmode in Paris;
O Städele, sey doch so gut,
Mach ihm den Kopf gleich mit dem Hut.

## *Morgenlied.*

Walt's Gott, der Tag bricht wieder an,
Und weckt mich aus der Ruh;
Wohlauf, betritt die Dornenbahn!
Du, meine Seele, du!

Da neben meinem Bette steht
Mein Kreuz, ich nehm es auf,
Und schick ein weinendes Gebet
Zum lieben Gott hinauf.

Er wird mir's tragen helfen, ach!
Ich weiß es, Gott ist gut;
Unmächtig bin ich, krank und schwach,
Er aber giebt mir Muth;

Daß mich die Hoffnung nicht verläßt,
Geduld nicht von mir weicht,
Wenn Langeweile, wie die Pest,
Im Finstern mich beschleicht.

Wenn Schwermuth meine Seele drückt,
Wenn jede Nerve dröhnt,
Wenn Satan spöttisch auf mich blickt,
Und meinen Glauben höhnt.

Wenn mich es martert, daß die Welt
So schimpflich mich verwarf,
Und wenn mir eine Thrän' entfällt,
Weil ich nicht reden darf.

Nicht reden darf mit einem Freund,
Nicht scherzen mit dem Kind,
Soll schweigen, wie ein Menschenfeind,
Wenn Brüder um mich sind.

Wenn meine Zelle stumm und todt
Mir Brust und Geist verengt,
Und wenn wie Blut das Morgenroth
An meinen Wänden hängt.

Wenn fürchterlich das Kerkerschloß
Klirrt in mein Morgenlied,

Und wenn mein Aug im Felsenschoos
Nur Elend um sich sieht;

So weiß ich, Gott im Himmel giebt
Mir Armen wieder Muth,
Denn er, der die Verlaßne liebt,
Ist mir Verlaßnen gut.

Und so im Namen Jesu tret
Ich auf die Dornenbahn,
Und glaub und hoff, und les und bet,
Und sing, so gut ich kann.

Bald kommt ein Tag, der mich befreyt
Aus meinem Angstgedräng,
Nur Freiheit macht die Seele weit,
Und Knechtschaft macht sie eng.

Dann preis ich dich im weiten Raum,
Dich, Helfer, in der Noth,
Und halte ohne Zwang und Zaum
Dein göttliches Gebot.

## *Es ist genug.*

Nach 1. Buch der Könige 19,4.

Es ist genug! So nimm dann meine Seele,
Die müde Seele nimm zu dir.
Du weißt, wie ich die Augenblicke zähle,
Du kennst diß bange Herz in mir,
Das oft, getäuscht, dem Tod entgegenschlug:
Es ist genug!

Mich lockt nicht mehr die bunte Pracht der Erde,
Gold ist mir Staub und Ehre Tand:

Der frechen Lust einladende Gebehrde,
Der Stolz im stralenden Gewand,
Des Schwelgers Tisch, vom süssen Gifte schwer,
Lockt mich nicht mehr.

Die Thorheit geht der Weisheit hier zur Seite,
Und bei der Wahrheit steht der Wahn;
Die Künste sind nicht mehr der reinen Freude,
Sie sind der Wollust unterthan:
Die Tugend klagt; in schwarzen Klausen weint
Der Menschenfreund.

Selbst der Natur unschuldigstes Vergnügen,
Wird oft durch's Schmerzgefühl entweiht,
Daß unter Blumen Menschenbeine liegen
Und daß der Thron der Eitelkeit
Vom sanften West und Todtenduft beweht
Auf Schedeln steht.

Der junge Mai, verstrickt in Rosenfesseln,
Stirbt, wie der Käfer, den er nährt;
Die Lilie verwelkt mit rauhen Nesseln,
Die Rose wird vom Wurm versehrt;
Die Blühte fällt; des goldnen Abends Pracht
Verschlingt die Nacht.

Sprich, Gott, wie lang' ich noch im Schauerthale
Als ein Gebundner schmachten soll?
Ist's bald genug? Und ist die Leidensschale
Nicht bald von meinen Thränen voll?
Sind Seufzer, tief ins Herzblut eingetaucht,
Nicht bald verhaucht?

Es ist genug! Entrück' mich den Gefahren,
Den Aengsten meiner Lebenszeit!
Bin ich dann nicht, wie meine Väter waren,
Ein Wurm, ein Spiel der Eitelkeit.

O Vater, dessen Ruthe mich zerschlug:
Es ist genug!

Zur Ewigkeit, ich fühl's, bin ich gebohren;
Hier bin ich Wandrer, Bürger nicht!
Mein Erbe ist, du Gott! hast es geschworen:
Mein ewig Erbe ist im Licht.
Ist's Sünde dann, wenn meine Seele schreit
Nach Ewigkeit?

Genug, genug! Es ist genug gejammert;
Genug hab ich die bleiche Hand
Ins Gitter meines Kerkers eingeklammert,
Und Seufzer Himmelan gesandt.
Genug hab' ich die Fessel rasseln hören
Die ein verworfner Bruder trug!
Gott! sprich einmal: Versiegt sind deine Zähren,
Es ist genug!!

## *Die Fürstengruft.*

Da liegen sie, die stolzen Fürstentrümmer,
Ehmals die Gözen ihrer Welt!
Da liegen sie, vom fürchterlichen Schimmer
Des blassen Tags erhellt!

Die alten Särge leuchten in der dunklen
Verwesungsgruft, wie faules Holz,
Wie matt die grosen Silberschilde funklen!
Der Fürsten lezter Stolz.

Entsezen packt den Wandrer hier am Haare,
Geußt Schauer über seine Haut,
Wo Eitelkeit, gelehnt an eine Bahre,
Aus hohlen Augen schaut.

Bis ichs langsam mit der Hand
Auf die Seite brachte.

Holla! dacht' ich, meinem Hut
Soll es treflich stehen;
Doch du hattest gar zu gut,
Was ich that, gesehen.

Das ist schön! so fiengst du an,
Willst du mich bestehlen?
Seht den feinen Dieb! Er kann
Seinen Raub nicht hehlen.

Feuerroth ward mein Gesicht;
Wie vom Blitz geschlagen
Stand ich da, und konnte nicht
Eine Sylbe sagen.

Alle Bauren stellten sich
Um mich her, und machten
Mich zu Schanden, nannten mich
Einen Dieb und lachten.

Lischen, sieh, das war nicht fein,
Meiner so zu lachen,
Und mich vor dem ganzen Reihn
Zum Gespött zu machen.

Sage; hast du denn bey dir
Solche Lust empfunden,
Als die hellen Zähren mir
In den Augen stunden?

Sieh, ich bin dir doch so gut!
Sey mirs auch ein Bißchen!
Mehr noch, als mein eigen Blut,
Lieb ich dich, mein Lischen.

## *Der erste Schnee.*

Da tanzen sie, die weißen krausen Flöckchen,
  Vom Wolkenzelt herab;
Und sanft und warm wie Lämmerwolle
  Decken sie dich, du Mutter Natur!

So weiß ist nicht der Nonne Silberschleier,
  Schleeblüte nicht so weiß:
Wie junger Schnee im Sonnenglanze,
  Thäler und Berge blitzen von ihm.

Schon schüttelt sich der Gaul am leichten Schlitten,
  Sein Schütteln ist Musik.
Und unter'm Lied der Silberschellen
  Glitschet der Schlitten fliegend hinweg.

Ich aber sitze am beschneyten Fenster;
  Ein blaues Knasterwölkchen steigt,
Mit tausend luftgebauten Schlössern,
  Dünnere Lüfte zirkelnd empor.

Und Röschens Hand schlüpft unter meinen Schlafrock –
  Husch! schnattert sie, mich frierts!
Sanft lehnt sie sich an meine Schultern,
  Leben und Wärme duftet sie aus.

Durchs Winterfenster schlüpft ein weißes Flöckchen,
  Und fällt auf ihre Brust,
Bläht sich und schmilzt mit einem Seufzer:
  Röschen, dein Busen ist weißer, als ich!

Du, kalter Nord, behalte deine Zobel!
  Caninchen, deinen Pelz
Behalte du! Von Röschens Busen
  Wallet ein ewiger Sommer mir zu.

## *Jerg.*

(Ein schwäbisches Bauernlied.)

Wie wohl ist mir in meinem Sinn!
Kein Mädel giebts wie mein's;
Guk hin, guk her, guk her, guk hin,
So findst in Schwaben keins.

So jung und hübsch, und doch so gut
Wie Engel Gottes sind.
Und mir so treu, bey meinem Blut
Möcht weinen, wie ein Kind.

Hat Haar, kein Flachs ist traun so fein.
Wie süß ihr Mündchen lacht!
Es blinken ihre Aeugelein
Wie Sternlein in der Nacht.

Sie schaft dir früh, und schaft dir spät,
Das giebt einmal ein Weib.
Wenn sie die runde Spindel dreht,
So hüpft mir's Herz im Leib.

Und ist dir doch so gut dabey,
So fromm und tugendsam.
Und doch so heimlich, meiner Treu!
So heimlich wie ein Lamm.

Sie weiß dir nichts von Bauernstolz;
Und hört sie Dudeldum,
So dreht sie sich als wie ein Bolz
Mit mir im Ring herum.

Wollt gestern auf die Kirchweih gehn,
Da blieb das Mädel fein
Mit mir vor einer Hütte stehn,
Und sprach: Jerg, komm herein.

Da lag ein Armer auf der Streu
Und kaute schimmlicht Brod,
Ein Krüglein Wasser stand dabey:
Sie fühlte seine Noth.

Und sprach: O Jerg gib ihm dein Geld,
Und hilf dem Armen nun.
Nichts liebers ist mir auf der Welt,
Als Armen Gutes thun.

Da grif ich nach dem Beutel schnell,
Und gabs dem Armen hin.
Des Mädels Augen wurden hell,
Und mir ward wohl im Sinn.

An Tanz und Kirchweih dacht' ich nicht.
Der arme Kranke sprach
Mit hellen Thränen im Gesicht
Uns Gottes Seegen nach.

Und als ich auf die Wiese kam,
War mir's im Herzen warm,
Und, ach, mein liebes Mädel nahm
Mich weinend in den Arm.

Seitdem denk ich in meinem Sinn
Kein Mädel giebts wie meins.
Guk hin, guk her, guk her, guk hin,
So findst in Schwaben keins.

## *Der Bauer im Winter.*

Ich leb' das ganze Jahr vergnügt,
Im Frühling wird das Feld gepflügt;
Da hängt die Lerche über mir,
Und singt ihr krauses Lied mir für.

Und kommt die liebe Sommerszeit,
Wie hoch wird da mein Herz erfreut,
Wann ich vor meinem Acker steh'
Und so viel tausend Aehren seh'?

Alsbald die Sicheln dengle ich,
Der Grille Lied ergözet mich;
Dann fahr' ich in das Feld hinaus,
Schneid' meine Frucht, und führ's nach Haus.

Im Herbst seh' ich die Bäume an,
Schau Aepfel, Birn und Zwetschgen dran;
Und sind sie reif, so schüttl' ich sie.
So lohnet Gott des Bauren Müh.

Jezt ist die kalte Winterszeit,
Mein Schindeldach ist überschneit;
Das ganze Feld ist Kreideweiß,
Mein Weiher ist bedeckt mit Eiß.

Ich aber bleib bei hellem Muth,
Mein Pfeifle Tobak schmeckt mir gut.
Von mir wird mancher Span geschnizt,
Wann 's Weible bei der Kunkel sizt.

Die Kinder hüpfen um mich 'rum,
Und singen heisa dudeldum!
Mein' Urschel und mein kleiner Hans,
Die drehen sich im Schleifertanz.

Und kommt der liebe Sonntag 'ran,
Zieh' ich mein Scharlachwammes an;
Geh' in die Kirch in guter Ruh
Und hör' des Pfarrers Predigt zu.

Und komm' ich heim, so wird verzehrt,
Was mir der liebe Gott beschehrt;
Und nach dem Essen lies ich dann
Im Krankentrost und Habermann.

Und bricht die Abendzeit herein,
So trink ich halt mein Schöpple Wein;
Da liest der Herr Schulmeister mir
Was Neues aus der Zeitung für.

Dann geh' ich heim im Köpfle warm
Und nimm mein liebes Weib in Arm;
Leg mich ins Bett und schlaf froh ein,
Kann wohl ein Mensch vergnügter seyn?

## *Recipe für einen Bierwirth.*

Bruder, komm', ich rathe dir,
Braue hübsches, dünnes Bier.
  Wirf, damit's die Gäste dürste,
  Handvoll Salz in deine Würste –
Halte eine schöne Magd,
Die den Gästen nichts versagt;
  Und für eine kleine Freude,
  Schreibe doppelt mit der Kreide!
Halt' auf deinem Vortheil fest,
Du wirst reich! – Probatum est!

## *An Ihro Gnaden.*

Es kennen Ihro Gnaden
Redouten, Maskeraden,
Die Prüden und Koquetten
An ihren Toiletten.
Sie sprechen mit der Baase
Französisch durch die Nase:
Sie können Deutschland schimpfen;
Vornehm, mit Naserümpfen;

Den Bürger stolz verachten,
Und, die nach Weisheit trachten,
Bestraft Ihr kühner Tadel? –
Mein Seel'! Sie sind von Adel!

## *An Mops.*

Sey dumm!
Dies wünsch' ich dir zum neuen Jahr!
Warum?
Weil Dummheit in dem alten Jahr
So manches Schöpsen Glük gebahr.
Darum
Sey dumm!

## *Neujahrs-Seufzer eines Studenten.*

O Himmel! höre mein Gebet,
Das aus der Schule zu dir fleht,
Und gieb mir in der neuen Zeit
*Jerusalems* Beredsamkeit –
Die Sprachen aus dem Orient,
Wie sie ein *Michaelis* kennt –
Latein und Griechisch, weiter nicht,
Wie *Hayne* und *Ernesti* spricht –
Französisch, Englisch, Wälsch – nur so,

*Jerusalems:* Johann Friedrich Wilhelm Jerusalem (1709–89), lutherischer Theologe, Vizepräsident des Konsistoriums in Wolfenbüttel.
*Michaelis:* Johann David M. (1717–91), Theologe und Orientalist, seit 1745 Professor in Göttingen.
*Hayne:* Christian Gottlob Heyne (1729–1812), klassischer Philologe, seit 1763 Professor in Göttingen.
*Ernesti:* Johann August E. (1707–81), Theologe und Philologe.

Wie *Voltaire, Hume*, und *Metastasio* –
Mach' mich zu einem Antiquar,
Wie einstens *Winkelmann* es war;
Zum Schönen gieb mir ein Gesicht,
Wie *Mengs* und *Füeßli*, weiter nicht!
Der Weisheit populairen Ton
Gieb mir von *Kant* und *Mendelssohn*,
Geschichte nur so obenhin,
Wie *Gatterer* und *Häberlin*;
Geographie wie *Büsching* nur,
Und *Hallers* Kenntniß der Natur.
Musik begehr' ich nicht zuviel,
Nur *Bachs* und *Lollis* Saitenspiel;
Und *Klopstoks* ziemliches Genie,
Zu einem bischen Poesie –
Und endlich – Hm! – zum Zeitvertreib
*Wielands Musarion* zum Weib!

*Voltaire:* eigtl. François-Marie Arouet (1694–1778), französischer Schriftsteller und Philosoph der Aufklärung.
*Hume:* David H. (1711–76), englischer Philosoph und Historiker.
*Metastasio:* Pietro Antonio M. (1698–1782), italienischer Dichter, seit 1729 Hofdichter in Wien.
*Winkelmann:* Johann Joachim Winckelmann (1717–68), Archäologe und Kunsthistoriker.
*Mengs:* Anton Raphael M. (1728–79), klassizistischer Maler.
*Füeßli:* Johann Kaspar Fueßli (1706–82), Maler und Kunstschriftsteller.
*Mendelssohn:* Moses M. (1729–86), Philosoph.
*Gatterer:* Johann Christoph G. (1727–99), Historiker in Göttingen.
*Häberlin:* Franz Dominicus H. (1720–87), Historiker, Professor in Helmstedt.
*Büsching:* Anton Friedrich B. (1724–93), Geograph.
*Hallers:* Albrecht von Haller (1708–77), Dichter und Arzt, 1736–53 Professor für Anatomie, Botanik und Chirurgie in Göttingen.
*Bachs:* Carl Philipp Emanuel Bach (1714–88), seit 1767 Kirchenmusikdirektor in Hamburg, bekannt als Klaviervirtuose.
*Lolli:* Antonio L. (um 1730–1802), von Schubart geschätzter Violinvirtuose.
*Musarion: Musarion oder die Philosophie der Grazien, Versdichtung in drei Büchern* (1768) von Christoph Martin Wieland (1733–1813).

## *An den Haps.*

Sprichst stets von deiner Redlichkeit,
Treu, gut Gewissen, Frömmigkeit.
Pfuy, Haps, must das nicht thun!
Laß doch die *Todten* ruhn.

## *An einen Kritikaster.*

Ueber Göthes Text:
*Schlagt den Hund todt, er ist ein Recensent.*

Wer nichts als deinen Geifer kennt,
Der ächt Verdienst zu stürzen brennt,
Ruft: der verfluchte Recensent!
Schlagt todt den Hund! schlagt todt!
Wer aber deine Ohnmacht kennt,
Wer weiß, du schimpfst ums liebe Brod,
Sagt: mit dem Schlingel hats nicht Noth!
Laßt ihn nur leben, er ist todt!

## *Der Leipziger Musenalmanach.*

Herr Schmid in Gießen bestach
Die Diener der treflichsten Dichter.
»Bringt mir, o Freunde«, – so sprach
Er zu Leuten von diesem Gelichter, –
»Was eure Herren insgesammt
Zum Gebrauch an heimliche Orte verdammt.«

*Schlagt . . . Recensent:* Der Schlußvers von Goethes Gedicht »Der Rezensent« lautet korrekt: »Schlagt ihn tot, den Hund! Es ist ein Rezensent.«
*Schmid:* Christian Heinrich S. (1746–1800), seit 1771 Professor der Poesie und Beredsamkeit in Gießen, gab 1770 bis 1781 den *Leipziger Musenalmanach* heraus.

Die Schurken ließen sich verführen,
Und brachten die Menge von solchen Papieren.
Daraus entstand dann nach und nach
Der Leipziger Musenalmanach.

## *Thraso.*

Der Unterthanen Last erschweren,
Um seines Fürsten Schatz zu mehren;
An keinen Jammer sich zu kehren,
Und Städt' und Länder zu verheeren:
Dieß ist die hohe Wissenschaft,
Die Thraso Ehr' und Reichthum schaft.
Er hat des Tigers Grausamkeit,
Des Wolfes Raubbegierd, die List
Des Fuchses, eines Hundes Neid,
Nicht seine Treu und Tapferkeit,
Und keines Menschen Herz, – er ist
Ein treflicher Kameralist.

## *Die alte und neue Poesie.*

Sonst paarten sich mit Wonn' und Tugend
Die heitre Sonn' und muntre Jugend;
Auf Diamanten hartes Herz
Kam wermuthbittrer Liebesschmerz,
Und rief man eifrig zu den Musen,
So zeigte sich ein schöner Busen.
  Die dummen Zeiten sind vorbey,
  Wir sind von solcher Barbarey,
  So abgeschmackter Reimerey,

*Thraso:* Aufschneider.
*Kameralist:* staatlicher Finanzbeamter.

Wie fürchterlich ist hier des Nachhalls Stimme!
  Ein Zehentritt stöhrt seine Ruh.
Kein Wetter Gottes spricht mit lautrem Grimme:
  O Mensch, wie klein bist du!

Denn ach! hier liegt der edle Fürst! der Gute!
  Zum Völkerseegen einst gesandt,
Wie der, den Gott zur Nationenruthe
  Im Zorn zusammenband.

An ihren Urnen weinen Marmorgeister;
  Doch kalte Thränen nur von Stein,
Und lachend grub – vielleicht ein welscher Meister,
  Sie einst dem Marmor ein.

Da liegen Schädel mit verloschnen Blicken,
  Die ehmals hoch herabgedroht,
Der Menschheit Schrecken! – Denn an ihrem Nicken
  Hieng Leben oder Tod.

Nun ist die Hand herabgefault zum Knochen,
  Die oft mit kaltem Federzug
Den Weisen, der am Thron zu laut gesprochen,
  In harte Fesseln schlug.

Zum Todtenbein ist nun die Brust geworden,
  Einst eingehüllt in Goldgewand,
Daran ein Stern und ein entweihter Orden,
  Wie zween Kometen stand.

Vertrocknet und verschrumpft sind die Kanäle,
  Drinn geiles Blut, wie Feuer floß,
Das schäumend Gift der Unschuld in die Seele,
  Wie in den Körper goß.

Sprecht Höflinge, mit Ehrfurcht auf der Lippe,
  Nun Schmeichelei'n in's taube Ohr! –

Beräuchert das durchlauchtige Gerippe
   Mit Weihrauch, wie zuvor!

Es steht nicht auf, euch Beifall zuzulächeln,
   Und wihert keine Zoten mehr,
Damit geschminkte Zofen ihn befächeln,
   Schaamlos und geil, wie er.

Sie liegen nun, den eisern Schlaf zu schlafen,
   Die Menschengeisseln unbetraurt!
Im Felsengrab, verächtlicher als Sklaven,
   In Kerker eingemaurt.

Sie, die im ehrnen Busen niemals fühlten
   Die Schrecken der Religion,
Und Gottgeschaffne, bessre Menschen hielten
   Für Vieh, bestimmt zur Frohn;

Die das Gewissen jenem mächt'gen Kläger,
   Der alle Schulden niederschreibt,
Durch Trommelschlag, durch welsche Trillerschläger
   Und Jagdlerm übertäubt;

Die Hunde nur und Pferd' und fremde Dirnen
   Mit Gnade lohnten, und Genie
Und Weisheit darben liessen; denn das Zürnen
   Der Geister schreckte sie.

Die liegen nun in dieser Schauergrotte
   Mit Staub und Würmern zugedeckt,
So stumm! so ruhmlos! – Noch von keinem Gotte
   In's Leben aufgeweckt.

Weckt sie nur nicht mit eurem bangen Aechzen
   Ihr Schaaren, die sie arm gemacht,
Verscheucht die Raben, daß von ihrem Krächzen
   Kein Wüthrich hier erwacht!

Hier klatsche nicht des armen Landmanns Peitsche,
Die Nachts das Wild vom Acker scheucht!
An diesem Gitter weile nicht der Deutsche,
Der siech vorüberkeucht!

Hier heule nicht der bleiche Waisenknabe,
Dem ein Tirann den Vater nahm;
Nie fluche hier der Krippel an dem Stabe,
Von fremdem Solde lahm.

Damit die Quäler nicht zu früh erwachen;
Seid menschlicher, erweckt sie nicht.
Ha! früh genug wird über ihnen krachen,
Der Donner am Gericht.

Wo Todesengel nach Tirannen greifen,
Wenn sie im Grimm der Richter weckt,
Und ihre Greu'l zu einem Berge häufen,
Der flammend sie bedeckt.

Ihr aber, bessre Fürsten, schlummert süsse
Im Nachtgewölbe dieser Gruft!
Schon wandelt euer Geist im Paradiese,
Gehüllt in Blüthenduft.

Jauchzt nur entgegen jenem grosen Tage,
Der aller Fürsten Thaten wiegt,
Wie Sternenklang tönt euch des Richters Wage,
Drauf eure Tugend liegt.

Ach, unterm Lispel eurer frohen Brüder –
Ihr habt sie satt und froh gemacht,
Wird eure volle Schaale sinken nieder,
Wenn ihr zum Lohn erwacht.

Wie wird's euch seyn, wenn ihr vom Sonnenthrone
Des Richters Stimme wandeln hört:
»Ihr Brüder, nehmt auf ewig hin die Krone,
Ihr seid zu herrschen werth.«

## *Mädchenlaune.*

Die Mädels sind veränderlich,
Heut so und morgen so,
Kaum zeigt ein Rosenwölklein sich;
So sind sie hell und froh!
Doch morgen? –
Ei, wie geschwind
Dreht sich der Wind!

So bald ein rauhes Lüftlein weht,
Grämt sich das Mädel tief;
Ein Zährlein ihr im Aeuglein steht,
Das Mündlein krümmt sie schief.
Doch morgen? –
Tralla la la!
Hopsa sa sa!

Das Mädlein sieht dich liebreich an,
Du traust dem schlauen Blick,
Und schwindelst auf zur Sonnenbahn,
Und träumst von deinem Glück.
Doch morgen? –
Kennt sie dich kaum;
Nichtiger Traum!

Ihr Mädels dreht mir noch so süß
Die Aeuglein hin und her,
Und kämt ihr aus dem Paradies;
So traut' ich keiner mehr.
Ihr Falsche!
Heut seid ihr heiß!
Morgen, wie Eiß!

## *Der Gefangene.*

Gefangner Mann, ein armer Mann!
Durchs schwarze Eisengitter
Starr' ich den fernen Himmel an,
Und wein' und seufze bitter.

Die Sonne, sonst so hell und rund,
Schaut trüb auf mich herunter;
Und kömmt die braune Abendstund,
So geht sie blutig unter.

Mir ist der Mond so gelb, so bleich,
Er wallt im Witwenschleier;
Die Sterne mir – sind Fackeln gleich
Bey einer Todtenfeyer.

Mag sehen nicht die Blümlein blühn,
Nicht fühlen Lenzeswehen;
Ach! lieber säh' ich Rosmarin
Im Duft der Gräber stehen.

Vergebens wiegt der Abendhauch
Für mich die goldnen Aehren;
Möcht nur in meinem Felsenbauch
Die Stürme brausen hören.

Was hilft mir Thau, und Sonnenschein
Im Busen einer Rose;
Denn nichts ist mein, ach! nichts ist mein,
Im Muttererdenschose.

Kann nimmer an der Gattin Brust,
Nicht an der Kinder Wangen,
Mit Gattenwonne, Vaterlust
In Himmelsthränen hangen.

Gefangner Mann, ein armer Mann!
Fern von den Lieben allen,
Muß ich des Lebens Dornenbahn
In Schauernächten wallen.

Es gähnt mich an die Einsamkeit,
Ich wälze mich auf Nesseln;
Und selbst mein Beten wird entweiht
Vom Klirren meiner Fesseln.

Mich drängt der hohen Freiheit Ruf;
Ich fühl's, daß Gott nur Sklaven
Und Teufel für die Ketten schuf,
Um sie damit zu strafen.

Was hab ich, Brüder! euch gethan?
Kommt doch, und seht mich Armen!
Gefangner Mann! ein armer Mann!
Ach! habt mit mir Erbarmen!

## *Schwäbisches Bauernlied.*

So herzig, wie mein Lisel,
Gibt's halt nichts auf der Welt,
Vom Köpflein bis zum Füssel
Ist sie gar wohl bestellt:
Die Wänglein weiß und roth;
Ihr Mund, wie Zuckerbrod.
So herzig, wie mein Lisel,
Gibt's halt nichts auf der Welt.

Viel weicher als die Seide
Ist ihr kohlschwarzes Haar,
Und ihre Aeuglein beide
Sind wie die Sternlein klar;

Sie blinzeln hin und her,
Sind schwarz, wie Vogelbeer.
So herzig, wie mein Lisel,
Gibt's halt nichts auf der Welt.

Im Dörflein ist kein Mädchen
So fleißig, wie mein' Braut;
Im Winter dreht sie 's Rädchen,
Im Frühling pflanzt sie 's Kraut;
Im Sommer macht sie Heu,
Trägt Obst im Herbst herbey.
So herzig, wie mein Lisel,
Gibt's halt nichts auf der Welt.

Auch schreibt sie, 's ist ein Wunder;
Jüngst schickt sie mir 'nen Brief,
Daß mir die Backen 'runter
Das helle Wasser lief;
Liest sie in der Postill,
So bin ich mäusleinsstill.
So herzig, wie mein Lisel,
Gibt's halt nichts auf der Welt.

Ihr sollt sie tanzen sehen,
Mein trautes Liselein;
Sie hüpft und kann sich drehen,
Als wie ein Wiselein;
Doch schleift und tanzt sie dir
Am liebsten nur mit mir.
So herzig, wie mein Lisel,
Gibt's halt nichts auf der Welt.

O, traute Lisel! länger
Renn' ich nicht hin und her;
Es wird mir immer bänger,
Wenn doch die Hochzeit wär':

Im ganzen Schwabenland
Kriegst keine treu're Hand!
O du, mein' traute Lisel!
Wenn doch die Hochzeit wär'!

## *Lisels Brautlied.*

Mädels, sagt es laut,
»Lisel ist 'ne Braut.«
Michel thut mich heuren,
Haus und Hof und Scheuren
Sind für mich gebaut;
Ich bin eine Braut.

Michel, der ist mein!
O wie wird's mir seyn,
Wann am Dienstag frühe
In die Kirch' ich ziehe?
Und wann Alles schaut
Auf die Jungfer Braut.

Wenn die G'meinde singt,
Und die Orgel klingt:
Wenn mein Ja ich sage
Zu des Pfarrers Frage,
Mir schauert die Haut;
Ich bin eine Braut.

Mit dem Hochzeitkranz
Eil' ich dann zum Tanz.
Hackbrett, Geigen, Pfeifen
Muntern auf zum Schleifen,
Bis der Morgen graut –
Hoh! ich bin 'ne Braut!

Roth wird mein Gesicht,
Wenn er mit mir spricht.
Wenn er mir am Mieder
Krappelt hin und wieder; –
Schlägt mein Herz so laut:
Ich bin halt 'ne Braut.

Wenn's doch Dienstag wär;
's Herzle wird so schwer!
Schwestern! ist's ein Wunder,
Wann die Backen 'runter
Mir ein Zährlein thaut? –
Bin ich doch 'ne Braut!

## *Brandteweinlied eines Schusters.*

(Aus einer Hanswurstias.)

O Fläscherl, hübsch und fein,
Gefüllt mit Brandtewein!
Du bist des Wursterls Freude,
Bist seine Schnabelwaide.
Gluk gluk, gluk gluk, gluk
Gluk, gluk – – –
O goldner Brandtewein,
Wie süß schlüpfst du hinein!

O Fläscherl, stärke mich,
Komm her, ich küsse dich.
Sey g'scheid, mein liebes Weiberl,
Ich bring dirs zu, mein Täuberl.
Gluk – – – –
Gluk – – – –
O goldner Brandtewein,
Wie süß schlüpfst du hinein!

Wenn ich des Morgens trink,
Bin ich zur Arbeit flink;
Kann sohlen, steppen, nähen,
Den Drath im Takte drehen.
Schluk, schluk – – –
Schluk – – – –
O goldner Brandtewein,
Wie süß schlüpfst du hinein!

Macht mich der Gerber toll,
Wenn ich ihn zahlen soll;
So denk ich: hohl der Sperber
Den Ledrer samt dem Gerber!
Gluk, gluk – – –
Gluk – – – –
Beym Gläschen Brandtewein,
Fällt keine Schuld mir ein.

Trink ich ein Gläschen Spiz
Krieg' ich Verstand und Wiz.
Dann tanz' ich nach der Fiedel,
Sing hübsche deutsche Liedel.
Gluk, gluk – – –
Gluk – – – –
O! goldner Brandtewein,
Wie süß schlüpfst du hinein!

O Fläscherl, hübsch und fein,
Mein Schäzerl sollst du seyn;
Will dich mit nassen Bliken
Oft an mein Goscherl drüken.
Gluk, gluk, gluk gluk, gluk,
Gluk, gluk, gluk gluk, gluk.
Es lebe hübsch und fein,
Mein Fläscherl Brandtewein!

## Die Forelle.

In einem Bächlein helle,
  Da schoß in froher Eil
Die launische Forelle
  Vorüber wie ein Pfeil.
Ich stand an dem Gestade,
  Und sah' in süsser Ruh
Des muntern Fisches Bade
  Im klaren Bächlein zu.

Ein Fischer mit der Ruthe
  Wohl an dem Ufer stand,
Und sah's mit kaltem Blute
  Wie sich das Fischlein wand.
So lang dem Wasser Helle,
  So dacht' ich, nicht gebricht,
So fängt er die Forelle
  Mit seiner Angel nicht.

Doch plözlich ward dem Diebe
  Die Zeit zu lang. Er macht
Das Bächlein tückisch trübe,
  Und eh' ich es gedacht; –
So zuckte seine Ruthe,
  Das Fischlein zappelt dran,
Und ich mit regem Blute
  Sah' die Betrogne an.

Die ihr am goldnen Quelle
  Der sichern Jugend weilt,
Denkt doch an die Forelle;
  Seht ihr Gefahr, so eilt!
Meist fehlt ihr nur aus Mangel
  Der Klugheit. Mädchen seht
Verführer mit der Angel! –
  Sonst blutet ihr zu spät.

*launische:* Ludwig Schubarts Ausgabe änderte 1802 sinnvoll in »launige«.

## *Michel an Lischen.*

Wer ist wohl auf der ganzen Welt
Vergnügter als ein Bauer?
Sein Haus, und Hof, und Akerfeld
Macht's Leben ihm nicht sauer.
Hat er ein Weibchen noch dazu;
O Bauer, wie vergnügt bist du!

Ich hab' ein Mädel – Dudeldum!
O Gott, so zukersüße.
Im Dorf, und Stadt, und weit herum,
Gibts nichts wie meine Lise.
So jung und schön, so roth und braun,
Und immer von so guter Laun'.

Mein' Lisel ist mir herzlich gut,
Und ich ihr gleicherweise.
Sie schenkt mir Bänder auf den Huth,
Und ich – ich schenk' ihr Sträuße.
Nun Dudelsak, so tummle dich!
Kein Mensch ist so vergnügt wie ich.

## *Fluch des Vatermörders.*

Eine Romanze.

Ihr Mädels kommt, ihr Buben kommt,
Daß ich euch was erzähle!
Es steht im heil'gen Bibelbuch:
Den Vatermörder trift der Fluch,
Ein Fluch an Leib und Seele.

Einst sprach vom Berge Sinai
Der Herr aus schwarzen Wettern:

»Verehr' den Mann, der dich gezeugt,
Verehr' das Weib, das dich gesäugt,
  Sonst werd' ich dich zerschmettern.«

Ein Edelmann aus Bayerland
  Thät sich zum Hochzeitfeste
Gar stattlich rüsten: Ungerwein,
Auch Wildbrett, Fisch und Zuker fein
  Kauft er für seine Gäste.

Ein Fräulein war Brautführerin,
  Man hieß sie Kunigunde;
Da gieng es an ein Leben, ha!
Da schmaust' und tanzt' man Hopsasa
  Bis um die zwölfte Stunde.

Weil wenig Plaz im Schlosse war,
  Mußt' Kunigunde liegen
In einem alten schwarzen Thurm,
Drum saußt der Wind, drum rast der Sturm,
  Die Schuhu um ihn fliegen.

Das Fräulein Gundel war sehr fromm,
  Befahl Gott ihre Seele:
Ach! liebster Jesu! betet sie,
An's Bett geworfen auf die Knie,
  Nur dir ich mich befehle.

Das Fräulein kaum im Bette war,
  Da kam mit grasser Mine,
Mit dürrer hagerer Gestalt,
Ein Mann gar blaß, gekrümmt und alt,
  Und naht sich dem Kamine.

Er strekt die magre lange Hand
  Wohl übers Kohlenfeuer;

Er ächzt mit fürchterlichem Ton:
»Verflucht bin ich, verflucht mein Sohn,
Wir Höllenungeheuer!«

Das Fräulein hatte Christenmuth,
Sie fuhr im Nachtgewande
Schnell aus dem Bett, und fragt den Mann:
»Geist, oder Mensch? sag mir es an,
Was trägst du diese Bande?«

Der Greis schleppt eine Kette nach,
Drum fragt ihn Kunigunde:
Warum er diese Kette trug?
Der Greis sich an den Schädel schlug
Und sprach mit hohlem Munde:

»Der Ritter, der heut Hochzeit hat,
Ich bin, – ich bin sein Vater;
Er legt' mir diese Ketten an:
Ich alter, ich verfluchter Mann,
Ich zeugte diese Natter.

Schon fünfzehn Jahre hat er mich
In diesem Thurm verschloßen:
Ich schlief auf fauler kalter Streu,
Nur schimlicht Brod hab ich dabey
Und Wasser nur genossen.

Schau Mädel diese Lumpen sind
Verfault um meine Hüfte.
Sieh Läus' in diesem grauen Bart,
Und rieche, bist du nicht zu zart,
Des eignen Unraths Düfte.

Die Woche dreimal läßt er mich
Mit einer Peitsche geisseln;

Ihn rühret nicht mein Zetterach,
Er sieht die Thränen tausendfach
In meinem Haar sich kräuseln.

Heut schnellt' ich meine Ketten ab;
Es war im Hochzeitlermen
Mein Hüter heut besoffen sehr,
Vergaß mich ganz; ich schlich hieher,
Mich einmal zu erwärmen.«

»Genug! Genug!« sprach blaß, wie Wand,
Das edle Fräulein Gundel:
»Dein Sohn ist dieses Ungeheur?
O Greis du hast mein Herz mit Feu'r,
Entbrannt, wie mürben Zundel.

Will rächen dich!« »Du rächen mich?
O Fräulein! laß dir sagen:
Siehst du dort Blut noch an der Wand?
Dort hab' ich, ach! mit eigner Hand
Den Vater einst erschlagen!«

Kaum sprach er's aus, so fiel ein Bein
Herab vom obern Boden.
Huhu! ein Bein und noch ein Bein,
Und drauf erhellt vom Kohlenschein
Geripp von einem Todten.

Ein hohler Schädel oben stand,
Glut flimmt in weiten Augen:
»Ach Gott! 's ist wahr, ach Gott 's ist wahr:
Der Teufel hier im grauen Haar,
An dem die Schlangen saugen,

Hat mich mit der verfluchten Faust
Einst in der Nacht getödtet;

Diß Blut hier an der Wand ist mein,
Diß Blut hat in den Himmel 'nein
Mit stummem Mund geredet.«

»Verfluchter Sohn«, sprach das Geripp,
»Dir, dir ist recht geschehen!
Wer seinen Vater würgt, den trift,
Weit mehr als Dolch, und Schwerd und Gift,
Ihn treffen Höllenwehen.«

Wuwu! man hörte Hundgebell,
Und hörte Kazen mauen;
Es kräht der Hahn! »Ha! ich muß fort«,
Sprach das Geripp, »an meinen Ort,
Der Tag beginnt zu grauen.«

Der Geist verschwand, das Fräulein geht
Und ließ den Alten stehen:
Kommt in die Stadt, so bald das Licht
Am Himmel graut, sagt vor Gericht
Was sie im Thurm gesehen.

Soldaten eilten, fanden bald
Im Thurm den Alten liegen;
Sein Haar und Bart war ausgerauft,
Die Brust zerrissen; schröcklich schnauft
Er in den lezten Zügen.

Er starb; sein Aug hieng aus dem Kopf;
Gott seiner Seel' genade!
Der Edelmann aus Bayerland
Starb, wie es weit und breit bekannt,
Zu München auf dem Rade.

Am Hochgericht, da geht er um,
Schlägt seine Händ' zusammen;

»O weh!« so brüllt's um Mitternacht,
»Hab meinen Vater umgebracht!
  Mich sengen Höllenflammen.«

Das Fräulein Kunigunde gieng
  Nach der Geschicht' ins Kloster;
Viel tausend Ave betet sie
Für ihre Seelen auf dem Knie,
  Viel tausend Paternoster.

Und jedes Kind, das zu ihr kam,
  Nahm sie auf ihre Arme,
Und sprach: *Kind, ehre bis in's Grab*
*Die Eltern, die dein Gott dir gab,*
  *Daß er sich dein erbarme!*

## *Winterlied*
## *eines schwäbischen Bauerjungen.*

Mädel, 's ist Winter, der wollichte Schnee,
Weiß, wie dein Busen, deckt Thäler und Höh.
Horch', wie der Nordwind um's Häuslein her pfeift!
Hecken und Bäume sind lieblich bereift.

Mädel, 's ist Winter, die Bäche sind Eis;
Dächer der ländlichen Hütten sind weiß;
Grau und ehrwürdig, im silbernen Flor,
Streckt sich der stattliche Kirchthurm empor.

Mädel, 's ist Winter. Mach's Stüblein fein warm;
Sez dich zum Ofen, und nimm mich in Arm!
Lieblich und kosend, wie rosichten May,
Führt uns die Liebe den Winter vorbey.

Drehst du mit Fingern, so reinlich wie Wachs,
Seidene Fäden vom silbernen Flachs,
Schüttl' ich die Ageln dir schäkernd vom Schurz,
Mache die Nächte mit Mährlein dir kurz.

Mädel, 's ist Winter. O wär'st du schon mein!
Schlüpft' ich ins blähende Bettlein hinein;
Nähm' dich, mein herziges Liebchen! in Arm;
Trozte dem Winter. Denn Liebe macht warm. –

## *Zwey Kaplieder.*

### *Abschiedslied.*

Auf! auf! Ihr Brüder, und seyd stark!!
Der Abschiedstag ist da.
Schwer liegt er auf der Seele, schwer!
Wir sollen über Land und Meer
Ins heisse Afrika.

Ein lichter Kreis von Lieben steht,
Ihr Brüder, um uns her.
Uns knüpft so manches theure Band
An unser teutsches Vaterland;
Drum fällt der Abschied schwer.

*Ageln:* auch ›Acheln‹, Flachsspreu.
*Zwey Kaplieder:* Schubart schreibt über diese Gedichte am 22. Februar 1787 an den Berliner Verleger Himburg: »Künftigen Montag geht das aufs Vorgebirg der guten Hofnung bestimmte würtembergische Regiment ab. Der Abzug wird einem Leichenconducte gleichen, denn Eltern, Ehemänner, Liebhaber, Geschwister, Freunde, verlieren ihre Söhne, Weiber, Liebchen, Brüder, Freunde – wahrscheinlich auf immer. Ich hab' ein paar Klaglieder auf diese Gelegenheit verfertigt, um Trost und Muth in manches zagende Herz auszugießen. Der Zwek der Dichtkunst ist, nicht mit Geniezügen zu prahlen, sondern ihre himmlische Kraft zum Besten der Menschheit zu gebrauchen.« (*Christian Friedrich Daniel*

Dem bieten graue Eltern noch
Zum letztenmal die Hand.
Den kosen Bruder, Schwester, Freund,
Und alles schweigt, und alles weint,
Todtblaß von uns gewandt.

Und wie ein Geist schlingt um den Hals
Das Liebchen sich herum.
»Willst mich verlassen, liebes Herz
Auf ewig?« – Und der bittre Schmerz
Macht's arme Liebchen stumm.

Ist hart! – Drum wirble du Tambor
Den Generalmarsch d'rein.
Der Abschied macht uns sonst zu weich.
Wir weinten kleinen Kindern gleich.
Es muß geschieden seyn!

Lebt wohl! ihr Freunde, sehn wir uns
Vielleicht zum letztenmal;
So denkt: nicht für die kurze Zeit,
Freundschaft ist für die Ewigkeit,
Und Gott ist überall.

An Teutschlands Gränze füllen wir
Mit Erde unsre Hand,
Und küssen sie, – das sey der Dank
Für deine Pflege, Speiß und Trank
Du *liebes Vaterland*!

*Schubart's Leben in seinen Briefen*, hrsg. von David Friedrich Strauß, Bd. 2, Berlin 1849, S. 281.) Der Anlaß geht auf ein Geschäft mit der Holländisch-Ostindischen Kompanie zurück, das Herzog Karl Eugen abgeschlossen hatte. Sein Biograph P. Stälin kommentiert: »doch wird auf das entschiedenste und in glaubhafter Weise versichert, die Mannschaft habe nur aus Freiwilligen und Geworbenen bestanden, auch sei vor dem Abmarsch nochmals den Einzelnen die Möglichkeit des Rücktritts betont, jedoch nur von wenigen, die alsbald wieder ersetzt gewesen, benützt worden.« (*Allgemeine Deutsche Biographie*, Bd. 15, Leipzig 1882, S. 391.)

Wenn dann die Meereswooge sich
An unsern Schiffen bricht;
So segeln wir gelassen fort;
Denn Gott ist hier, und Gott ist dort,
Und *der* verläßt uns nicht.

Und ha, wenn sich der *Tafelberg*
Aus blauen Düften hebt,
So strecken wir empor die Hand,
Und jauchzen: Land, ihr Brüder, Land!
Daß unser Schiff erbebt.

Und wenn Soldat und Offizier
Gesund ans Ufer springt;
Dann jubeln wir: ihr Brüder, ha,
Nun sind wir ja in Afrika,
Und alles dankt und singt.

Wir leben drauf in fernem Land
Als *Teutsche* brav und gut.
Und sagen soll man weit und breit:
Die Teutsche sind doch brave Leut',
Sie haben Geist und Muth.

Und trinken auf dem Hofnungskap
Wir seinen Götterwein;
So denken wir, von Sehnsucht weich,
Ihr fernen Freunde dann an Euch,
Und Thränen fliessen d'rein.

## *Für den Trupp.*

Hellauf, Kameraden! – Der krieg'rische Ton
Der Trommel und Pfeife ermuntert uns schon,
Frisch schnallt die Tornister den Rücken herum,
Auf, schickt euch zum Marsche, – Nur seht euch nicht um.

Dann Abschied von Freunden und Mädchen fällt schwer,
Und Weinen ziemt braven Soldaten nicht sehr.
  Sie folgen gehorsam des Führers Gebot,
  Und rüsten sich freudig zum Abschied – und Tod.

Was wölkt, ihr Geliebte, den traurenden Blick?
Wir suchen ja alle nur besseres Glück.
  Das karge Europa gab sparsamen Sold,
  Doch Afrika bietet uns Ehre und Gold.

Scheint nicht euch die Sonn' und der Mond auf dem Kap?
Und leuchten die Stern' nicht auch dorten herab?
  Und wehen nicht Winde im blühenden Hain?
  Gibts dorten nicht Früchte? Nicht Wildpret und Wein?

Auch sagt man – es gebe – von frölicher Laun'
Dort Mädels hübsch schwärzlich und weißlich und braun,
  Und haben Soldaten Gold, Mädels und Wein,
  So können die Fürsten nicht glücklicher seyn.

Und führt uns der Himmel nach Teutschland zurück,
So bringen wir Ruhm und Dukaten und Glück.
  Doch sterben wir, Freunde, in Afrika gleich,
  So deckt uns dort Erde so gut, wie bey Euch.

Drum munter, Soldaten, der Marsch ist zwar weit;
Doch frohe Gesänge verkürzen die Zeit.
  Und wenn uns das Wasser des Meeres umfleußt,
  So giebt Gott Gesundheit und frölichen Geist.

O, wenn wir die Spize von Afrika sehn,
Und Winde vom Ufer im Pferdbusche wehn;
  Dann jauchzen wir alle im Wonnegefühl:
  Hellauf, Kameraden, nun sind wir am Ziel!! –

Dann leben wir selig und handeln nach Pflicht,
Und achten Hyänen – und Wilde selbst nicht. –
  So wird auf dem Wasser, so wird auf dem Land
  Der Name des braven Soldaten bekannt.

## *Deutscher Provinzialwerth.*

Der *Sachs* ist fein; der *Brenne* stark;
Das *Bayervolk* hat Knochenmark.
*Oestreicher* haben guten Muth,
Genießen viel, verdauen gut.
Der *Frank'* ist bider und gerecht.
Der brave *Hesse* schlecht und recht.
*Hannover, Braunschweig, Hamburgs* Stadt,
Noch viel Cherusker Enkel hat;
Doch übertrift sie alle weit
Der gute Schwab' an – *Herzlichkeit.*

## *Deutsche Nachäfferei.*

Was holt vom Nachbar nicht sich über unsern Rhein
Mein Landsmann Alles her? Die Moden, Kochkunst, Wein,
Die Sprache, die er gern statt seiner eignen spricht,
Nur daß er sie zu öfters radebricht.
Doch daß der Gallier sein Land vor allen ehrt,
Bei Rang und bei Geburt auch Kunst und Wissen schätzet,
Durch richtigen Geschmack, durch seinen Witz ergetzet,
O, würde das von ihm der Deutsche mehr gelehrt!

## *Franklins Grabschrift.*

Hier liegt in Gräberstille
 Franklins Hülle
 Geist Weiser Patriot
 Voll Vaterland und Gott
Er wußte den Strahl der Tyrannen
Wie Blize des Himmels zu bannen

*Brenne:* Preuße.

Und aus gläsernen Gloken
Himmlische Töne zu loken
Wie einem Bräutigam die Braut
Both ihm *Freiheit* die Hand
Dann führt' er sie Liebevertraut
In *Columbus* glükliches Land
Sein Name frei und groß
Flog über den Okeanos
*Columbia* traurt um Ihn
*Europa* klagt um Ihn
Der kühne *Franke* hüllt sich in Flor
Doch *Franklins* Seele flog empor
Ins Urlicht Geister drangen
In Schaaren herbei
Willkommten ihn und sangen
*Wen Gott frei macht*
*Ist ewig frei.*

## *Willkomm.*

Den 13. Mai, als unser Herzog heimkam.

Willkommen, Carl, nach einem langen Fluge
In fernes Land!
Willkommen hier in deiner Sueven Gauen!
Siehst du die Wonnezähre thauen?
Und die gefaltne Hand?

Und feurig hin ans Sternenfeld geheftet
Des Beters Blick?
Ein Engel trat aus seinem Sonnenkreise,
War dein Gefährte auf der Reise
Und kam mit dir zurück.

Als todweissagend in des Schiffes Ritzen
Das Wasser drang,
Da hat sein Arm dich aus dem Schiff gehoben,
Eh' es mit fürchterlichem Toben
Die wilde See verschlang.

Allherrscher in dem Himmel, ach! drum danken
Mit Thränen wir.
Du, unsers Fürsten mächtigster Erhalter,
Sieh Myriaden Händefalter,
Sie alle danken dir.

Wir jauchzten, als des Fürsten Wagen rollte,
Da ist Er ja!
CARL, seines Volkes Stolz! und ihre Freude,
FRANZISKA strahlt an seiner Seite!
Heil uns! denn CARL ist da.

Ist wieder in dem Schoße seiner Treuen
Am Neckar, wo
Des Vaterlandes Lüfte ihn bewehen,
Wo Kinder ihm entgegengehen,
Ach! unaussprechlich froh.

Nun hast du, CARL, der Völker viel gewogen –
Doch fandst du eins
Mit deinen tiefen Menschenforscherblicken
So schwer auf deiner Wage nicken?
So treu, so gut wie deins?

Drum bleibe, CARL, in Deines Landes Mitte!
Sieh um dich her
Die schöne Gruppe deiner Kinder stehen
Und dich mit Schimmerblicken flehen:
Verlaß uns nimmermehr!

## *Deutscher Freiheitsgeist.*

Der Teufel hohl, sprach Mezger *Pfund*,
Den ganzen Rath! – Er sprachs mit tobendem Gebrülle.
Doch plözlich kam – des Bürgermeisters *Hund*:
Der Prahler Pfund stand auf – beugt sich – war mäuschen-
stille.

## *Freiheit.*

Wie wenig weiß ein Volk die Freiheit zu gebrauchen!
Es wähnt, wenn nur von Blut die Mörderfäuste rauchen,
Wenn es den Peiniger mit Tigergrimm zerfleischt,
So sei es frei. O Volk! du hast dich selbst getäuscht.
Die Freiheit, die *du* suchst, ist Wuth, ist Mordgetümmel;
*Sie* wird verflucht von Gott, verflucht vom ganzen
Himmel.
Ein Volk, bespritzt mit Blut, verdient nicht frei zu sein,
In härtre Sklaverei stürzt es sich selbst hinein.

## *Vaterland.*

Teutonia, mein großes Vaterland,
Du Riesentochter, schwingst schon wieder
Die Schlachtgeschosse in der Hand?
Reiz'st Brüder gegen Brüder?

Soll wieder Blut – ach, deiner Söhne Blut
Das Gras, die Wiesenblume färben?
Siehst du so gerne, schwarz vor Wuth,
Den wunden Krieger sterben?

Schon hör' ich's, wie der Brennen blaue Schaar
Daher mit Donnerschritten schreitet,

Von ihrem Schützer unsichtbar,
  Von Friedrichs Geist begleitet.

Gleich Meereswogen wälzt ein weißes Heer
  Den blauen Schaaren sich entgegen.
Die Pulverwetter drohen schwer
  Mit mörderischen Schlägen.

O du, auf den der Blick der Welt gekehrt,
  O Leopold, der Menschen Freude,
Sprich zu dem blanken Würgeschwert:
  »Fahr wieder in die Scheide.«

Auch Friedrich Wilhelm ist dem Frieden hold,
  Ein Feind vom mörderischen Wüthen.
Er wird die Rechte, Leopold,
  Dir gern, als Bruder, bieten.

Es ist so schön, so himmlisch königlich,
  Im Frieden seinen Thron besteigen,
Und allen Erdenvölkern sich
  Als Freund der Menschheit zeigen.

Der Aufruhr, den die Höll' heraufgesandt,
  Die Nationen zu erregen,
Wird bald aus hochgehobner Hand
  Die Flammengeißel legen.

Doch soll des Krieges Wetterwolkennacht,
  Teutonia, die Welt bestürmen,
So droh mit aller deiner Macht
  Den stolzen sieben Thürmen.

Nur möge nie des Deutschen starke Hand
  Den Bruder bei der Kehle packen,
Auch schickt sich besser Mord und Brand
  Für thierische Kosaken.

Im Friedenslispel schalle bald der Ruf:
Ein Kaiser sitzt auf deutschem Throne!
Den Gott zu unsrem Haupte *schuf*,
Dem *gaben* wir die Krone.

Hingebückt an ihrem Betaltare
Fleht Germania mit Angstgeschrei:
Gott, gebeut dem Kampf der schwarzen Aare,
Daß er kurz und minder blutig sei.

## *Preußenlied.*

So zieht dann hin ins Ehrenfeld,
Den alten Preußen gleich!
*Friz* schaut aus seiner Sonnenwelt
Herab, und segnet euch!

Auch *Friedrich Wilhelm* geht voran
Mit edlem Muth erfüllt.
Ihn dekt auf seiner Heldenbahn
Der Vorsicht Wunderschild.

*Karl, Möllendorf*, dies Heldenpaar,
Zieht auch mit euch in Streit.
Zeigt nur im Wetter der Gefahr,
daß ihr noch Preußen seyd.

Seht nicht der Feinde Menge an,
Denkt nur an Tod und Sieg!
Habt ihr nicht Wunder einst gethan
Im siebenjähr'gen Krieg?

*Karl:* Karl Wilhelm Ferdinand (1735–1806), Herzog zu Braunschweig und Lüneburg, preußischer Generalfeldmarschall.
*Möllendorff:* Wichard Joachim Heinrich von M. (1724–1816), 1762 General, 1793 Feldmarschall. Setzte sich als Gouverneur von Berlin 1783–94 erfolgreich für eine menschlichere Behandlung der Soldaten ein.

Wenn's um euch kracht, wenn's um euch blizt:
So weicht nicht, denket doch:
Der Gott, der damals euch beschüzt,
Der alte Gott lebt noch.

Des alten *Frizen* Geist ist ja
Um euch; wenn's um euch weht;
So ist er da, so ist er da,
Und ruft: »Ihr Preussen, steht!

Die Feinde haben große Macht,
Doch ihr habt großen Muth.
Kein Preuße scheut die finstre Schlacht,
Kein Preuße schont sein Blut!

So geht den großen Siegeslauf!
Wer im Getümmel fällt,
Deß schöne Seele nehm' ich auf
In meine Sonnenwelt.«

## *Der Deutsche.*

Der bidre Deutsche spricht nicht viel;
Kurz ist sein Wort, stark sein Gefühl.
Er ist ein Zögling der Natur;
Ein Handschlag gilt ihm mehr als Schwur.
Gott liebt er, ist den Obern treu
Wie Gold – und doch kein Sklav dabey.
Gerad und ehrlich ist sein Brauch.
So wie er spricht, so denkt er auch.

# Aus der »Deutschen Chronik« 1774–1777

6. Stück, 18. April 1774

## *Fragmente aus den neuesten Annalen.*

1.

Noch wütet er fort der Höllengeist *Aufruhr*, in den Staaten der großen *Catharine*. Vor ihm her schreitet *Pugatschef*, nicht im Kriegsgewande, sondern im Gewande der Schwärmerey – mit der bischöflichen Inful und Kleidung geschmückt. 120000. Betrogene sollen sich bereits um ihn herversammelt haben und, um sie länger in ihrem Taumelkreise zu erhalten; so wird er Oberpriester, segnet sie, weint und sagt ungescheut, daß er nichts wünsche, als seinen lieben Sohn, den Großherzog von Rußland auf den Thron zu setzen. *Neuservien* scheint der Schauplatz zu werden, wo er seine Rolle spielen will. Er gedenkt sich mit den Türken zu vereinigen und, von ihnen unterstützt, gegen das Innere des Rußischen Reichs vorzudringen. – Wann nichts gefährlicher ist, als ein Empörer im Gewande der Schwärmerey; so hat Rußland Ursache, auf seiner Huth zu seyn.

2.

Diese Empörung hat den Rückzug der Russen von den Ufern der Donau veranlaßt. Schon nähern sie sich dem Dniester, und die Türken haben bereits an zwey Orten über

*Pugatschef:* Jemeljan Pugatschew (1726–75) übernahm 1773 die Führung eines Kosakenaufstandes, wobei er sich für den ermordeten Zar Peter III. ausgab.
*Inful:* Bischofsmütze.

die Donau gesetzt, und die Spahi schwärmen bereits an den Wallachischen Gränzen. 30000. Türken haben sich bey *Brancovan* festgesetzt und werden, nach erhaltener Verstärkung, weiter gegen die Rußen vorrücken. – Eine bedenkliche Stellung vor Rußland.! Gefahr von innen, und Gefahr von aussen! – – Aber, was Seelen von gemeinem Schlage *Gefahr* nennen, ist für die große Seele – *Anlaß*, ihre Größe vor den Augen der Welt zeigen zu können. – –

10. Stück, 2. Mai 1774

## *Engelland.*

Dieses Land liefert uns von Zeit zu Zeit sehr wichtige Nachrichten. Und wie kann es anders seyn? – Ein Land, wo der Patriot noch rufen darf:

O Freiheit, Freiheit!
Silberton dem Ohre!
Licht dem Verstande!
Dem Herzen groß Gefühl
Und freier Flug zu denken!

Ein Land, das sich durch seine Staatsgrundsätze, seine Entschlossenheit, unerschöpfliche Reichthümer und in allen vier Welttheilen ausgebreitete Besitzungen ehrwürdig und furchtbar gemacht hat; sollte das nicht reich an Begebenheiten seyn? – Würklich schreibt man uns aus *Londen*, daß daselbst von Paris, Madrit, Berlin, Petersburg, Wien und Constantinopel von Zeit zu Zeit sehr interessante Depeschen einlaufen, welche Conferenzen und geheime Rathsversammlungen veranlassen. Man will daselbst zuverläßig wissen, daß Frankreich und Spanien fest entschlossen wären, Antheil am Kriege zu nehmen, wenn Rußland auf seinen großen Fodrungen beharren wollte. In Toulon soll würklich schon eine Flotte zum Auslaufen gerüstet seyn, welche in den Archipelagus bestimmt ist. Engelland aber bleibt derzeit immer noch ruhig, und man sieht weder Befehle in die Seehäven, die Ausrüstung einer Flotte betreffend, noch Anstalten zur Anwerbung der Seeleute. Schön ist die Antwort, welche der erste Minister, Lord *North*, dem Herrn *Wombwell* auf die Frage ertheilte: »Wann er dächte, daß der Krieg würde deklarirt werden?« Mein Herr *Wombwell*, erwiderte der Minister, meine Kinder in der Schule haben vor etlichen Tagen eben diese Frage an ihre Schulmeisterin gethan. Ueberhaupt ist Lord *North* ein vortreflicher Minister. Wenn er so lange in seinem erhabenen Posten bleibt, bis die Ostindische Compagnie ihre Privilegien erneuren muß: so wird es wohl um diese Compagnie geschehen seyn, zur großen Freude der Kaufmannschafft und der ganzen Nation, welche die Monopolien von Herzen hasset. Dann sagt der Britte: was haben die Monopolien in einem freien Staate zu thun? Die Ausbreitung der Handlung, die Zucht guter Seeleute; die Aufnahme Englischer Manufacturen und überhaupt aller Gewerbe; die wohlfeilern Preise Ostindischer Waaren, diese herrlichen Vortheile wird der allgemeine Sturz der Ostindischen Compagnien nach sich ziehen. *Paoli*, der ehmals so hoch gerühmte Vertheidiger der Corsikanischen Freiheit hat bißhero bei den Britten Schutz und einen Jahrgehalt von 2000. Pfund Sterling erhalten. Nun aber fällt sein Ansehen gewaltig, und *Boswell* würde gar gerne seine panegyrische Geschichte wieder zurück nehmen. Leute, die sich nicht durch neue Proben ihrer Thätigkeit im Ansehen zu erhalten wissen, und mit ein paar Lorbeern vorlieb nehmen, verliehren gemeiniglich sehr bald den Beyfall eines Volkes, das wie das Brittische so sehr an *wirklich große* Männer gewohnt ist.

## *Preußen.*

Dieser große Monarch ist unermüdet beschäftiget, sich vor den Augen der Welt furchtbar, seine Staaten blühend und seine Regierung zu einem Wunder in der Geschichte zu machen. Welch ein Glück vor die Nachwelt, daß dieser *Einzige* König sein eigener Biograph wird; denn welcher Gelehrte hätte die Kräfte durchs Labyrinth einer so langen und thatenvollen Regierung zu dringen? – Ueber die Geheimnisse seines Kabinets hängt ein dicker Schleyer; wir können uns also nur auf einige andre minderwichtige Neuigkeiten ausbreiten. Der König, der das Geschäft der Erziehung vor den wichtigsten Pfeiler der öffentlichen Glückseligkeit hält, hat in *Westpreußen* ein neues adeliches Cadettencorps errichten lassen, und bereits sind verschiedene Professoren dahin abgegangen, um die Befehle des Königs auszuführen. Gelehrsamkeit und Künste werden in den Staaten dieses Königes auf eine ausnehmende Art befördert, und wir können mit Recht *Berlin*, wie *Willamor*, das neue Athen nennen. In dieser einzigen Stadt sind beinahe eben so viel große Schriftsteller und Genies, als in dem ganzen übrigen Deutschlande. Ueber das läßt der König diese Stadt immer mehr verschönern, um sie zu einer der schönsten und grösten Städte von Europa zu erheben. Die Werbungen werden wieder auf den alten Fuß, wie vor dem letztern Kriege eingerichtet, und sind, den Nachrichten aus Halle zufolge, von gutem Fortgange. Das Preußische Heer wird nach einer neuen Liste auf 225000. Mann geschäzt. – Vor hundert Jahren stand *Friedrich Wilhelm* der *Grose* mit 25000. Mann am Rhein; was würde dieser große Churfürst sagen, wann er seinen Urenkel, nach dem Verlaufe so weniger Jahre, in der gegenwärtigen Macht und Herrlichkeit erblickte? – So große Veränderungen können ein paar große Genies in einem Staate hervorbringen! –

## *Literarische Neuigkeiten.*

1.

*Das Leben und die Meynungen des Tristram Shandy* von *Lorenz Sterne* ist ein so ausserordentliches Buch, daß in der ganzen Literatur nichts mit ihm zu vergleichen ist. Seine psychologische Bemerkungen sind tief, neu; und seine Laune ist die sonderbarste, die vielleicht jemals ein Mensch gehabt hat. Daher kommt der erstaunende Beifall dieses Buchs, sowohl im Original, als in den Uebersetzungen, so schlecht auch leztere gerathen sind. Die französische Uebersetzung ist äußerst ungetreu und die Deutsche hat so viel Flecken, daß man schon längstens gewünscht hat, das Buch von neuem übersetzt zu sehen. Selbst unser vortreflicher *Wieland* machte dem Publikum Hofnung, sich an die Uebersetzung eines Buches zu machen, das er unter die besten in der Welt zählt. Wir sind sehr glücklich, daß nun der vortrefliche Mann, der uns *Yoriks empfindsame Reisen* und *Klinkers Reisen* so unnachahmlich übersetzt hat, uns auch eine Uebersetzung des *Tristram* liefern will. Herr *Bode* in Hamburg, der sich ums deutsche Publikum durch seine vortrefliche Verlagsbücher schon längstens verdient gemacht hat, gedenkt diese Uebersetzung zu verlegen, aber nicht eher, bis er erfahren wird, wie groß die Anzahl der Subscribenten sey, und ob er dem Uebersetzer eine verhältnißmäsige Belohnung seiner Mühe versichern könne. Das ganze Buch wird etwa gegen hundert Bogen ausmachen, auf gut Schreibpappier gedruckt, und wie das englische Original in 9. Bändchen abgetheilt werden. Der Subscriptionspreis ist eine halbe Louisd'or, und der ordentliche Ladenpreis 3. Rthlr. 12. Ggr.

Wie sehr wäre zu wünschen, daß die Liebhaber in Bairen

*Das Leben ... Shandy: The Life and Opinions of Tristram Shandy Gentleman*, Roman von Laurence Sterne (1713–68), erschien 1759–67 in 9 Bänden. Eine anonyme deutsche Übersetzung erschien 1769 in 2 Bänden; die 3bändige Übertragung von Johann Joachim Bode erschien 1774 und 1776 in zweiter, verbesserter Auflage bei Bohn in Hamburg.

und Schwaben ein Werk unterstüzten, wodurch unsre Sprache bereichert wird, und die Ehre unsrer Litteratur einen neuen Zuwachs erhält!

2.

Ausserordentlich hab' ich mich gefreut, als ich vernahm, daß *Göz von Berlichingen, mit der eisernen Hand*, dieses Schauspiel, welches hundert französische und die meisten deutsche aufwiegt, in *Berlin*, diesem Tempel des guten Geschmacks, nicht nur 3.mal nacheinander mit dem grösten Beifalle aufgeführt worden, sondern auch auf Verlangen wiederhohlt werden mußte. Wie patriotisch klopft mein Herz bey dieser Nachricht! Sollte nicht einmal das *deutsche* Publikum an komischen Opern, an Tragikomödien, diesen Mißgeburten des Außlandes und an leeren Farçen satt haben, und unsre *ersten* Genies *Klopstock, Göthe* und *Lessingen* bitten, uns mehr patronymische Stücke zu liefern, wie *Hermannsschlacht, Göz* und *Minna*? – Alle gebrechliche Seelen aber, die am *Göz von Berlichingen* keinen Geschmack finden, empfehl' ich hiemit dem Lazarethe des Cervantes, unten an dem Fuße des Parnasses.

*) Man erlaube mir, eine Anekdote hieher zu setzen, die mir beim Göze einfiel. Der Graf Schm*** am Churpfälzischen Hofe, der sich durch sein Herz, seinen Geschmack und seine Erfahrungen vor tausenden auszeichnet, sprach, als man ihm den Göz von Berlichingen vorlaß: Ich weiß nicht, ob ich lieber den ganzen Voltär, oder dieses *einzige* Schauspiel gemacht haben möchte.

*patronymische:* Adjektiv zu ›Patronymikon‹, vom Namen des Vaters abgeleiteter Personenname. Sinn: auf die Vorfahren bezogen.
*Lazarethe:* bezieht sich vermutlich auf die letzte der *Novelas ejemplares* von Miguel de Cervantes Saavedra (1547–1616) mit dem Titel »Coloquio de los perros« (Zwiegespräch der Hunde, 1613), die 1753 in deutscher Übersetzung erschienen war. Die Hunde Scipion und Berganza unterhalten sich im Auferstehungshospital zu Valladolid; ihr Gespräch ist u. a. eine Literatursatire auf die Lehrdichtung und Schäferdichtung der Renaissance sowie auf die pedantische Befolgung der Regeln in der *Poetik* von Horaz.

13. Stück, 12. Mai 1774

## *Frankreich.*

Wie sehr freuen wir uns, daß die Bücher-Censur in Paris auf höchsten Befehl sehr strenge eingerichtet werden soll. Diese Stadt hat unser armes Deutschland seit einiger Zeit mit Schriften überschwemmt, die im Modeton – Unglauben, frechen Spott über die wichtigsten Dinge, seichte Philosophie, verführerische Gemälde der Wollust und statt der Wahrheit *Lüge* im Gewande des Witzes zu verbreiten suchten. Laßt doch, meine deutsche Brüder, laßt doch einmal diesem Volke ihre Systeme der Natur, ihre Theresen, ihre Damenkabinets, ihre Mädgens von Orleans, ihren seichten Witz, der wie eine Rakete funkensprühend empor steigt und mit Gestank zerplatzt; und kommt zurück zum Glauben, zur Wahrheit, zur Redlichkeit, zum Muth und zur Sitte eurer grauen Väter! – Aber womit sollen sich unsre gnädige Damen am Nachtische und auf dem Sofa beschäftigen, wenn keine Feenmärchen, keine wollüstige Romanen und – ach! keine Possen im Taschenformate mehr aus Paris kämen?

*) Eben liegt das neuste Stück vom Journal encyclopedique vor mir, wo es unter andern S. 271. heißt: *Rabener* habe auch gearbeitet, an

Die Neue Beytrage zum vergnugun des Werstandes und witzes.

Hat jemals ein *deutscher* Schulmeister ein französisches Buch so citirt? –

20. Stück, 6. Juni 1774

## *Eine kühle Neuigkeit.*

Aus sechzehn Zeitungen, die so eben vor mir liegen, läuft die höchstwichtige Nachricht ein, daß – die Novellisten so wenig Neues wissen, als ich.

27. Stück, 30. Juni 1774

14. *Göz von Berlichingen.* Die Hand auf die Brust, mein Leser! gen Himmel geschaut, und dem Genius der Deutschen gedankt, der uns in diesen letzten betrübten Zeiten noch einen Schakespear geschenkt.

28. Stück, 4. Juli 1774

## *Rußland.*

Daß wir uns doch öfters in der verdrüßlichen Lage befinden, unsere Nachrichten widerrufen zu müßen! – Schon glaubt' ich, wie andre meiner Zunftgenoßen, der Aufruhr in Rußland wäre geendigt. Aber siehe da! Ein Bruder des berühmten *Pulawski* steht an der Spitze eines Haufen von *Pugatschefs* Heere. Ein andrer Haufe ist unter den Befehlen des *Zembrowski*, der sich durch die schändliche That vom 3ten November 1771. gebrandmarkt hat – denn er war unter den Verschwornen wider den König. *Bibikow* hatt' ihn schon einmal beym Kopfe; aber er fand Mittel, aus der Gefangenschaft zu entwischen. *Pulawski* hat zu *Adrianopel* ein Universal herausgegeben, worinnen er die Patrioten ermuntert, die Waffen zu ergreifen, und zu ihm zu stoßen, so bald er sich an den Gränzen mit einem Hülfsheere sehen lassen würde. *Pugatschef*, den wir neulich mit unsern Collegen gefangen genommen haben, ist noch nicht geschlagen, und befindet sich zwischen dem *Jaik* und *Wolgafluß*, an der Spitze von 60000. Mann, die noch durch Nogaysche und Olokarische Tatarn, welche schon die Steppen von Astrakan paßirt sind, verstärkt werden. *Galizins* Heer ist von dem Heere des verstorbenen Bibikow abgeschnitten, und lauft Gefahr von den Rebellen und ihren Bundsgenossen, welche es ganz eingeschlossen hatten, angegriffen zu werden. Mit Freuden wollen wir auch diese Nachricht widerrufen; denn sie ist für *Rußland* gar ungünstig, und würde den harten Sinn der *Türken* gar eisern machen. – Der Großherzog von *Rußland* will alle Festungen an den Schwedischen Gränzen in Augenschein nehmen. So möchte doch Rußland wegen Schweden nicht allzugesichert seyn! –

29. Stück, 7. Juli 1774

## *Holland.*

Wir haben in unserm letztern Blate die *Schweiz* beleuchtet, und heute streifen wir abermals in die stillen Wohnungen der Freyen. *Holland* hat sich seit langer Zeit in dem Besitze der Freyheit, den mächtigen Anfällen seiner furchtbarn Nachbarn zum Trotze! zu erhalten gewußt. Noch haben sie ihren Verkehr fast mit allen Bewohnern des Erdbodens; noch strömt Reichthum und Fülle aus vier Welttheilen im Schooße dieses glücklichen Volkes zusammen, und noch sind sie ihren Nachbarn respektabel, obgleich ihre Flotte klein und ihre Landmacht in Vergleichung mit den Heeren ihrer Nachbarn fast für Nichts zu rechnen ist. So sehr die gegenwärtige Lage Europens eine Vermehrung der Landmacht erheischte, so wenig ist doch der Holländer darzu geneigt. Die *Handlung*, spricht der Patriot, sey die Seele unsres Staats. Wenn sich andre Nationen durch stehende Heere entkräften; so wollen wir Reichthümer sammlen; kommt dann Gefahr; so eröfnen wir unsre Schatzkammern, verdopplen den gewöhnlichen Sold, und schon geübte Soldaten werden uns dann von allen Seiten zuströmen, und unsern Staat gegen ieden Anfall unüberwindlich machen. *Joseph Marschall* hat uns in seinen *Reisen* keine üble Beschreibung von den heutigen Holländern gemacht, die aber derjenigen bey weitem nicht gleich kommt, die im ersten Theile des Brittischen Musäums steht, und den ganzen Charakter der Nation von ihrer Bildung an, bis zur Reife umfaßt. – Wir können unsrer Absicht gemäß nur beym neusten

Zustande dieses Freystaates stehen bleiben, und weisen unsre Leser mit einem stillen Winke auf die entsetzliche Lage, in der *Holland* vor 100. Jahren war, als *Ludwig XIV.* mit seiner fürchterlichen Macht diesem Staate den Untergang drohte. Damals zeigten die *Holländer*, was Muth und Entschlossenheit in Gefahren auszurichten fähig ist. – Noch daurt der Handel mit Engelland unveränderlich fort. *Rotterdam* ist der Mittelpunkt desselbigen. Man trift auf einmal 2. bis 300. Englische Schiffe in diesem Hafen an. Die prächtige Fabrik zu *Delft*, welche sonst 7000. Menschen beschäftigte, beschäftiget doch noch 4000. Das Englische steinerne weiße Zeug hat sie in Abnahme gebracht. In den Holländischen Städten herrscht Pracht, Schönheit und ausserordentliche Reinigkeit; nur sind die Bäume darinnen so häufig, daß man oft, wie ein witziger Reisender sagte, die Stadt vor den Bäumen nicht sehen kann. Ueber das sind die Bäume in den Städten schädlich, weil sie die Feuchtigkeit der Luft vermehren. Der Boden um *Leiden* herum ist der beste, und wird theuer bezahlt. Der Morgen Acker gilt 1200. Rthl. und oft noch weit mehr. Ein Morgen Wiesenland wird mit 1000. Thalern und drüber und der Morgen Gartenland mit 2. bis 3000. Thalern bezahlt. Aber davor sind auch die *Leidenschen* Gartengewächse vortreflich. Im *Haag* und in *Leiden* herrschen die besten Sitten und die meiste Gelehrsamkeit. Die vornehmen *Holländer* sind abgeschmackte Affen von den Franzosen, und *Marschall* verlacht sie mit Recht. Der gemeine Mann in Holland wird strenger behandelt, als in Engelland. – *Harlem* hat vortrefliche Leinwandsbleichen, welches vom dasigen Wasser herrührt; allein ie weißer die Leinwand ist, desto geringer ist ihre Dauer. – Der Geldvorrath in *Amsterdam* besteht in den Summen, welche an die Bank gezahlt werden, denn sie ist eine Verwahrungs- und Niederlagebank, und verhindert also den Umlauf des Geldes. Ueberhaupt häuft sich, zum Nachtheil der übrigen Provinzen, das Geld in Amsterdam zu sehr. Unaufhörlich wird Geld in die Bank bezahlt, und was einmal in die Bücher eingetragen ist, kann niemals zurückgefodert werden. Der Verlust des Stadthauses wäre der Verlust der Republik, weil in dessen untern Zimmern der ungeheure Schatz der Bank verwahrt wird. Amsterdam hat nahe an die 300000. Einwohner, ohne die große Anzahl der Fremden. Eine Rechnung, die *Süßmilchs* um vieles übersteigt. Die öffentlichen Stadteinkünfte tragen jährlich 11. Millionen Gulden. Aus diesem Umstande kann man den Schluß machen, wie groß die Einkünfte der Republik seyn müssen. Kurz, *Holland* gehört noch izo unter die glücklichsten und blühendesten Staaten der Welt.

39. Stück, 11. August 1774

## *Eine Anekdote aus Solanders Reisen.*

Ich landete 'mal auf einer Insel im Südmeer. Da kam mir der laute Schall der Innwohner entgegen, daß ich erschrack. Hörte aber bald, daß diß sehr lustige Leute waren. Versammelt auf einer langen Wiese saßen sie, und aßen, spielten, plauderten, liebten. Sie winkten mir. Ich trat zu ihnen, und weil die Amerikanischen Inselsprachen nur im Dialekte verschieden sind; so konnt' ich mich ihnen bald verständlich machen. Die Leute waren schlecht gekleidet, hatten blasse aufgedunsne Gesichter; ihre Felder waren unbebaut, ihre Kinder wuchsen heran, wie's Vieh, und doch war alles lustig. Ich gieng mit in ihre Stadt Akakuana genennt; unter deren Thoren laß ich: *Glücklich durch den Müßiggang!* In der Stadt waren alle Wirthshäuser voll, und aus allen Wohnungen schallte die Stimme der Freude. Ihr Calender war ohngefähr so eingerichtet: Im *Frühling* genießt man der schönen Jahrszeit: im *Sommer* kühlt man sich ab: im *Herbste* geht man in Obstgärten spatzieren, und im *Winter* wärmt man sich. Sonntag, der Ruhe geweiht; Montag, ist blau gefärbt; Dienstag ein Viehmarkt; Mittwoch Nahmenstag; Donnerstag und Freytag wird zu Ader gelassen; am

Samßtag schläft man aus. So lebte mein Hausherr in der Woche, da ich bey ihm war. Ein lustiges Volk, dacht' ich, bey dir ist gut seyn. Ich blieb auch 4. Wochen da, und hörte und sah nichts trauriges – ausser, daß die Bürger zuweilen über die Götter murrten, daß kein Geld unter den Leuten wäre.

*) Daß sich doch die Engelländer gleich breit machen, wenn sie ein bißchen gereißt sind! Wir habens nicht nöthig, einer so poßirlichen Kolonie zu lieb, so weit zu reisen; giebts doch mitten in Deutschland Akakuaner. – Komm nur, Solander; wirst's sehen!

42. Stück, 22. August 1774

## *Eine Fabel.*
## *Der Esel und der Hollsteiner.*

Ein Esel gieng bedächtlich auf der Landstraße einher, und sah nicht weit vor sich einen muthigen Hollsteiner stolpern. Im kalten Moralistentone sprach der Esel: Sieh'st du, so geht's allen muthwilligen Pferden. Gieng'st du so bedächtlich wie ich, und zähltest alle Steine auf der Landstraße; würdest gewiß nicht stolpern. Ha! Esel! der du so schnell den Fehler eines Augenblicks bemerkst, weist du auch, daß ich heute schon 12. Meilen zurückgelegt habe? Meine Tugenden sind Tugenden eines Pferds, und wenn ich falle, so richt' ich mich als Pferd auf. – Geh doch, Esel, bist ja zu dumm, um *stolpern* zu können.

Was das Hollsteiner Pferd zum Esel sagte, das könnte der Dichter Sturm zum kalten epanorthosirenden Moralisten Dunz sagen: Herr, meine Tugenden verstehen Sie nicht, und zu meinen Fehlern sind Sie zu dumm.

*epanorthosirenden:* (griech.) verbessern, zurechtweisen.

## *Literatur.*

Ein Preußischer Offizier hat kürzlich einen *Versuch über den Roman* herausgegeben, der ungemein gut gerathen ist. Seit Jahrhunderten belustigt sich die lesende Welt mit dieser herrlichen Erfindung des menschlichen Witzes, mit den *Romanen. Leibniz* starb mit der *Argenis* in der Hand; *Lord Chatam* list, wenn er die Welt gewogen hat, den *Tristram Shandy*; der *Priester* donnert vom Predigtstuhle auf die Romanschreiber herab, und heimlich entzückt ihn sein *Thom Jones* oder sein *Nothanker* im verschlossenen Pulte; der *Hypochondrist* sitzt im Großvatersessel und *Don Quixotte* erschüttert sein Zwerchfell auf eine heilsame Art; der *Kleinmeister* verdaut beym *Candide* auf dem Sofa, und das *Mädchen* weint ihre erste empfindsame Thränen in die *Sternheim* oder *Sophia.* Also ist 's gewiß kein unnöthiges Geschäfft, die Natur, die Einrichtung, die Gattung der Romane zu untersuchen. Und dieses hat der Verfasser auf so eine meisterhaffte Art gethan, daß er verdient, von allen Theoristen der schönen Wissenschafften gelesen und studiert zu werden. *Fieldings* Manier ist freylich die beste im Romanschreiben, sollte aber nicht noch eine bessere

*Ein Preußischer ... herausgegeben:* Friedrich von Blanckenburg, *Versuch über den Roman*, Leipzig/Liegnitz 1774; Neudr. Stuttgart 1965.

*Argenis:* neulateinischer Prosaroman von John Barclay (1582–1621), erschien 1621.

*Lord Chatam:* William Pitt, gen. der Ältere, Earl of Chatham (1708 bis 1778), britischer Staatsmann.

*Tristram Shandy:* Vgl. Anm. zum 10. Stück von 1774, *Das Leben ... Shandy.*

*Thom Jones:* Vgl. Anm. zum 38. Stück von 1776, *Thomas Jones.*

*Candide: Candide ou l'Optimisme,* Roman von François-Marie Arouet, gen. Voltaire (1694–1778), anonym erschienen 1759; deutsche Übersetzung von J. A. Philippi, Riga/Leipzig 1776.

*Sternheim: Geschichte des Fräuleins von Sternheim. Von einer Freundin derselben aus Originalpapieren und anderen zuverlässigen Quellen gezogen,* Roman von Sophie von La Roche (1731–1807), erschien 1771.

*Sophia: Sophiens Reise von Memel nach Sachsen,* Roman von Johann Timotheus Hermes (1738–1821), erschien in 5 Bänden 1769–73 (2. Aufl., 6 Bde., 1774–76).

möglich seyn? – Nicht *Hermes*; aber gewiß *Göthe* wären unter uns im Stande, vielleicht auf einer ganz neuen Adlerbahn Fieldingen zu überfliegen.

Erste Beilage, August 1774

## *Schöne Wissenschafften.*

*Der Hofmeister, oder Vortheile der Privaterziehung*, eine Komödie, *8. Leipzig* bey Weygand. 1774.

Ich kann's allen aufgeklärten Deutschen zumuthen, daß sie diese neue ganz eigenthümliche Schöpfung unsers Shakespears, des unsterblichen Dr. *Göthe*, schon werden gelesen, empfunden, angestaunt haben. Kann's ihnen auch zumuthen, daß sie keinen Cicero brauchen, der ihnen die göttliche Natur dieses deutschen Torso anatomire. Aber dir, Landsmann Schwabe! und dir, Nachbar Bayer! muß ich dieß Werk vorlegen, mit der Faust drauf schlagen, und dir sagen: Da schau und lies! Das ist 'mal ein Werk voll deutscher Krafft und Natur. So must dialogiren, die Situationen anlegen, die Charaktere bearbeiten, wenn du ein ächter Deutscher seyn – wenn du auf die Nachwelt kommen willst. Sind gleich die drey Einheiten des Aristoteles, diese Krücken für Lahme, nicht mit französischer Aengstlichkeit beobachtet worden, so entschädigt dich davor die ganze Zauberey des Genies, der volle Strom der Leidenschafft, altdeutsche Krafft und Macht – Das ist Parenthyrsus, meynst du? So komm doch und lies nur! Wirst bewundern die gesetzte Vernunfft des *Geheimenraths*; die heroische Laune des *Majors*; den abgeschmackten Französismus der *Majorinn*; *Gustchens* und *Fritzgens* liebenswürdige Schwärmerey; die

*Göthe:* Schubarts Irrtum in der Verfasserschaft, den er im 72. Stück vom 5. Dezember korrigiert, mag mitverantwortlich sein für den hyperbolischen Tenor dieser Rezension.

*Parenthyrsus:* falscher Enthusiasmus.

vornehme Unwissenheit und Unmacht des *Graf Wermuths*; den in Leipzig geschnitzelten Hofmeister *Läuffer*; das Burschikose der Studenten *Pätus* und *Bollwerk;* die kalte Moral des Hofmeisters von *Seifenblase,* und wie dieser Zögling so ganz der Abdruck von seinem Lehrer ist. Und was ist mit dem redlichen Pedanten *Wenzeslaus* zu vergleichen, und mit der ländlichen Unschuld der *Lise*? Nur der *alte Pätus* ist ein Schurk, den ich auch nach seiner Bekehrung nicht leiden kann. Die Entwicklung ist etwas rasch und wunderbar. Was soll das liebe Lisgen mit einem Castraten machen? Und der gute Fritz soll ein Mädchen nehmen, das schon ein Kind gehabt hat? Wenn sie gerad keine gemeine Metze ist, so fällt mir doch hier der altdeutsche Edelmann ein:

Wer 'ne Hur nimmt wissentlich,
Bleibt ein Hundsfut ewiglich.

Der Major ist gewiß keine Nachahmung von *Sir Western* im *Tom Jones.* Denn der behält bey all seiner väterlichen Zuneigung gegen seine Tochter doch immer seinen Ahnenstolz bey. Sollst 'n haben! Must 'n haben! Kanallie! sagt er zu ihrem Unglücke. Aber hör den Major, wenn er sein Gustchen aus dem Wasser trägt; so kniet er bey ihr nieder, und spricht: Gustel! was fehlt dir? Hast Wasser eingeschluckt? Bist noch mein Gustel? – Gottlose Kanaille! Hättst du mir nur ein Wort vorher davon gesagt; ich hätte dem Lausejungen einen Adelbrief gekauft, da hättet ihr können zusammen kriechen.

Und denk doch, lieber Leser, der große Verfasser des *Göz* und des *Hofmeisters* hat ein neues Trauerspiel *Klavigo* herausgegeben, worinnen sein Genie – nicht auf Rosenbetten, sondern auf Brennesseln entschlummert ist. Lies 'mal diesen Auszug aus dem Brief eines Freundes: »Gestern las ich den *Clavigo,* ein neues Trauerspiel von *Göthe.* Himmel! wie unendlich weit unter dem Göz von Berlichingen! Wenn er doch seinen Namen nicht darauf gesetzt hätte! Aber es scheint, daß er durch das erste Lob zu stolz geworden ist. Mir ist es unbegreiflich, wie der Verfasser des Göz den Clavigo gemacht haben kann. Sollte es sein erster Versuch seyn? Warum wird er *nach*gedruckt? Oder warum wird er gedruckt? Mich ärgert's in der Seele. Und dann der stolze Titel: *ein Trauerspiel von Göthe*. Die Leute reden alle so Buch- und Romanenmäßig, daß einem dabey übel wird. Die besten Situationen sind verhunzt. Z. E. im 5ten Akt. Da hält Clavigo erst eine lange Rede ungefähr von dem Schlage, wie Clerdon in Brawens Freygeist, und dann, wie er schon den tödtlichen Stoß von Beaumarchais bekommen hat, schwatzt er noch so albern, wie ein altes Weib. Und die arme Marie! Gott weiß, warum die stirbt. Offenbar nur, damit man im 5ten Akt eine Leiche hat etc.«

47. Stück, 8. September 1774

## *Ein Gemisch von Neuigkeiten.*

Wenn mich doch irgend ein hinkender Teufel auf eine Alpenspitze stellte, die Riegel aller Cabineter sprängte, mein Auge salbte, daß ich sähe, was drinnen in Europens Allerheiligstem vorgeht. Wollte nicht achten das heilige Dunkel und die Bundslade und das Rauschen der Cherubim und die schwebende Wolke drüber; wollte scharf sehen, und dir alles treulich sagen, herzlieber Leser, was ich gesehen hätte. Aber da ist alles verschlossen vor mir; kein Monarch ist so gefällig, mir einen Cabinetscourier zu schicken, und mir zu melden, was die Untergottheiten der Erde mit uns armen Sterblichen vorhaben. Weiß also nichts, als was meine Herren Mitarbeiter auf dem Felde der Wahrheit und Lüge auch wissen. Da will ich's hinsäen:

Der *König* von *Spanien* ist gar nicht wohl. Er will sich nach Toledo begeben, nach Carls und Philipps Beyspiel die Regierung niederlegen, und den Rest seiner Tage im Schooße der Einsamkeit und Ruhe zubringen. Zu diesem Entschlusse hat er aber einen sehr kritischen Zeitpunkt erwählt.

In *Schwezingen* ist kürzlich Prinz *Ludwig* von *Würtem-*

*berg*, dieser wahre philosophische Fürst, angekommen. Es ist eine Lust zu sehen, wie offt und gern sich dieser Prinz seiner Würde begiebt, aus dem Glanze, der ihn von Seiten seiner großen Ahnen umstrahlt, hervortritt, und sich's zur Lust macht, *Mensch* unter den Menschen zu seyn.

Zur Freude aller Compatrioten und zum erstickenden Aergerniße aller französirenden Seelen, schließ' ich diesen Artickel mit einer Stelle aus *Klopstocks Gelehrtenrepublik*:

Auf den großen Bühnen: Rußland, Pohlen, Dännemark, Schweden, Preußen, Holland, England, Italien, Ungarn, Spanien, Westindien spielten, oder spielen ihr erhabenes Schauspiel – *Deutsche*. Hätte wohl noch *Frankreich* darzu setzen dürfen; denn welche Rolle spielt dort die große Königinn aus *deutschem* Blute!

48. Stück, 12. September 1774

## *Beytrag zur Geschichte der Menschheit.*

Heil Dir, große *Theresia*, und Deinem grossen Sohne *Joseph*, daß Ihr die Folter, diese unmenschliche und dabey zur Erforschung der Wahrheit ganz unzulängliche Erfindung in euren weitläuftigen Staaten gänzlich abschafft. – Menschenfreund, wirf einmal einen Blick in eine Folterkammer; wirsts sehen Queerbalken, worauf die Leiber so vieler Unglücklichen ausgespannt waren; Geiseln in Menschenblut getaucht; Sessel mit Nägelsitzen, woran noch das welke Fleisch der Missethäter hängt; Schrauben, die das Mark aus den Knochen trieben, Haarsaile, die man um losgeschundene Flechsen flicht, und womit man dem Un-

*Klopstocks Gelehrtenrepublik*: Friedrich Gottlieb Klopstock (1724 bis 1803), *Die deutsche Gelehrtenrepublik, Ihre Einrichtung, Ihre Gesetze, Geschichte des Lezten Landtags. Auf Befehl der Aldermänner durch Salogast und Wlemar*, 1774.

glücklichen die Schmerzen der Hölle verursacht; – Du zitterst? So denk dir einmal die wildverzückten Minen des Missethäters auf der Folter, die Verzweiflung im vorgedrückten Auge; hör das Knacken der Glieder, wenn sie von Henkersarmen ausgespannt werden; schau die sichtbaren Schläge der Angst im hoch empor schwellenden Herzen; hör den wilden Ton, womit der Arme im Unsinne des Schmerzens seinen Richtern, und – offt Gott flucht. – Du gehst? Kannst diesen schrecklichen Anblick nicht aushalten? Wart', ich gehe mit dir! Wollen auf das Grab des Sünders, der die Folter erfand, und der Asche des Unmenschen fluchen; – Nein, sie ist schon zerstäubt seine Asche, und auf den Glutströmen der Hölle ausgestreut. – Laßt euch seegnen, ihr großen Wohlthäter des menschlichen Geschlechts, *Katharina, Theresia, Joseph* und *Friderich.* Die Nachwelt wird eure Bildsäulen von Porphyr im Tempel der Menschheit aufstellen, und dicht neben euch werden *Montesquieu,* und *Beccaria* strahlen!

## *Nachricht.*

Da *Klopstocks Gelehrtenrepublik* damit umgeht, den guten Ton zu verdrängen, und statt dessen den alten deutschgothischen Geschmack wieder einzuführen; so sind einige Höflinge und Hof-Damen entschlossen, diesem Verderben zu steuren, und seiner geschmacklosen Republik eine andre entgegen zu setzen, die nach dem neusten Pariser Zuschnitte gemodelt seyn soll. Die Mitglieder haben dabey nur folgende sehr leichte Gesetze zu beobachten:

1. Sich des vielen Denkens zu enthalten, wodurch der Stil schwerfältig und dunkel – mit einem Wort *deutsch* wird.
2. Nichts deutsches weiter zu lesen, als etwan einige Liederchen von *Gleim,* wovon aber die rauhen Kriegsgesänge ausgeschlossen bleiben: denn ein Grenadier mit gewixtem Barte taugt in keine gute Gesellschafft; *Jakobi* sämtliche

Werke, einige Schrifften von *Wieland* und den *Gellert* vor Ammen zum Einschläfern der Kinder.

3. In allen Zusammenkünften wird französisch gesprochen, und die Schrifften der Republik in dieser Sprache abgefaßt, damit selbige, wegen ihres entzückenden Nasentons, bald zur allgemeinen Sprache erhoben werden möchte.
4. Mit dem Gesind und dem Vieh (den Schooßhund ausgenommen) spricht man deutsch, um die französische Sprache nicht zu profaniren.
5. Wer sich untersteht, die Namen *Ossian, Klopstock, Shakespear, Milton, Rammler, Herder, Lavater, Göthe, Mendelsohn* etc. öffentlich zu nennen, kommt 14. Tage bey Wasser und Brod in Hundsstall.
6. Auf den ersten Band, der die Gesetze dieser *Gelehrtenrepublik nach der Mode* enthält, und mit Vignetten, Logogriphen, Aenigmen und einem Putzwörterbuche geziert seyn soll, wird 1. Louisdor Vorschuß angenommen. Man kann bey den meisten Cavaliers und Hof-Damen in Deutschland pränumeriren.

51. Stück, 22. September 1774

## *Verschiedene Neuigkeiten.*

Kürzlich gab der berühmte Schauspieler *Garrik* in London ein Fest in seinem Garten, der mit 6000. Lampen beleuchtet war. Da konnte man sich mit Musik, Tanz und Feuerwerk belustigen, die vornehmsten Personen drangen sich herzu, Antheil von diesem Feste zu nehmen. – Unsere deutsche Schauspieler ziehen unstät und flüchtig auf deutschem Boden umher, beissen in ihre Brodrinde, und haben kaum ein

*Garrik:* David Garrick (1716–79), englischer Schauspieler und Dramatiker, 1747–76 Leiter des Drury-Lane-Theaters London, berühmt vor allem als Shakespeare-Darsteller.

Plätzchen, wohin sie ihr Haupt legen können! Wenn wir auch ein Genie, wie Garrik hätten; würde sich dieß einem solchen Leben voll Ungemach und Unruhe aufopfern? – Sagts nimmer; wir Deutsche haben keinen Garrik; wir *können* keinen haben. Ist Armuth, Verachtung, ist ein Leben voll Unruhe das Mittel, ein Genie in Flamme zu setzen?

54. Stück, 3. Oktober 1774

## *Literarische Neuigkeiten.*

Mit patriotischer Freude las ich die Nachricht, daß Deutschlands gröstes Genie – der unsterbliche *Klopstock*, einen Beweis nach dem andern erhält, wie sehr ihn die Großen der Erde schätzen. Unser großer Kaiser verehrt' ihm sein mit Edelsteinen besetztes Bildniß; Dännemark giebt ihm schon seit 20. Jahren einen Jahrgehalt; kürzlich übersandt' ihm der Großfürst von Rußland mit dem gnädigsten Schreiben ein Geschenk von 1000. Rubel, und nun erhält er auch vom Marggraf zu Baaden ein jährliches Gehalt von 900. Gulden, nebst der völligen Freyheit, sich, an welchem Ort er will, aufzuhalten. *Klopstock* ist auch bereits von Hamburg aus nach *Carlsruh* abgegangen, und gedenkt sich daselbst einige Zeit aufzuhalten. – Wie klopft mein Herz vor inniger Freude, daß wir diesen großen Mann nunmehr bey uns in Schwaben haben, und daß seine Verdienste um unsre Religion und um Deutschlands Ehre anfangen – allgemein und laut anerkannt, gepriesen, bewundert, belohnt zu werden. Ich wünsch' euch Glück, Männer von Carlsruh, daß ihr nun den Verfasser des Meßias von Angesicht sehen, und den Umgang eines Mannes genießen könnt, der unter die edelsten Christen und Deutsche gehöret, so wie er der gröste Mann seiner Zeit ist. –

59. Stück, 20. Oktober 1774

Was der *König* von *Preußen* thut, ist ein Abdruck seines großen Geistes. Kürzlich hat er zu *Halle* eine Commißion ernannt, die auf die Sitten der Studenten Achtung geben soll. Man weiß, daß so viele Studenten ihr Geld auf den Universitäten liederlich verschwenden, und sich mehr mit den Lastern als mit der Gelehrsamkeit bekannt machen. Nach dieser Einrichtung aber kann es nicht mehr geschehen. Die Eltern wenden sich nun an die Commißion, welche unentgeltlich die Direktion der Gelder der studierenden Jugend übernehmen, auf ihr Betragen ein merksames Auge haben, und sie mit einem guten Rathe unterstützen wird. Dieser Gedanke des großen *Friedrichs* verdient zum Glücke der Menschheit fleißiger kopirt zu werden, als seine neue taktische Erfindung. Flotte Bursche werden wohl drüber fluchen, mit dem Degen wetzen, und ein Pereat rufen; aber die Eltern und vernünftigere Zöglinge der Weisheit werden den Stifter dieser treflichen Anstalt seegnen.

60. Stück, 24. Oktober 1774

Bey dem Buchhändler *Stage* in *Augsburg*, sind wiederum folgende Medicamenten aus Londen in Commißion angekommen:

Eau de Luce, volatilische Essenz, derer sich Könige, Fürsten, Herren und Dames bedienen. Sie hilft für Kopfschmerzen, Ohnmachten, und bey allen nerveusen und hypochondrischen Krankheiten. Das Fläschgen kostet 1. fl. 30. kr. und das Futteral dazu 36. kr.

des Herrn Du Bois vortrefliches Perlenwasser, vertreibet alle Flecken und Mähler, Finnen und Blattern, die Herren bedienen sich dessen nach dem Raßieren, um die Empfindung zu vertreiben. Das Glas kostet 1. fl. 30. kr.

Das von dem Herrn Woodcock zu Heilung aller frischen

Wunden bewährt befundene Englische Hofpflaster. Eine Rolle von diesem Pflaster auf schwarzem Taffet kostet 45. kr.
Des Herrn Greenough's rothe Zahntinctur zur Säuberung und Erhaltung der Zähne. Das Fläschgen kostet 45. kr.
Eben desselben schwarze Zahntinctur wider den heftigsten Zahnschmerzen. Das Gläsgen kostet 45. kr.
Englische Helfenbeinerne Zahnbürstl. kostet 20. kr.
Des Herrn Archibald's in Londen Brust- und Magen-Kuchen, die Schachtel kostet 45. kr.
Von dem wahren und ächten Stoughtonschen Elexier, oder so sehr beliebten Magenbitter, kostet das Gläschen 30. kr.
Schottländisches Pflaster für die Hüner-Augen, eine Schachtelvoll kostet 45. kr.
NB. Aus den Gebrauchs-Zetteln kann man das mehrere ersehen.

Dritte Beilage, Oktober 1774

## *Dramaturgie.*

*Der neue Menoza, oder Geschichte des cumbanischen Prinzen Tandi, eine Komödie, 8. Leipzig, 1774. bey Weygand.*
Der Geyer kann nicht so begierig auf seinen Raub niederstürzen, als ich auf diese Komödie von *Lenz*, einem meiner Lieblinge, hinstürzte. Aber dießmal hat mir's übel behagt, hab schier 's Erbrechen bekommen. Großer Gott! dacht' ich, nachdem ich's zweymal hintereinander gelesen hatte, wie gehen die Leute mit ihrem Genie um! Um Originale zu werden, werden sie albern. Nichts kann einfältiger, nichts kindischer seyn, als die ganze Erfindung dieser Komödie. – Bist auch ein solcher Hasenfuß, wie der Baccalaureus *Zierau*? Kömmst daher getreten auf den Krücken der drey Einheiten? Kannst die Posse nicht leiden, die den Mann, von Geschäften ermüdet, nicht zum *Lächeln*, sondern zur lauten *Lache* bringt? – Nichts weniger als das. Aber wenn

eines der feurigsten Genie's, von dem ich nicht weniger, als einen deutschen *Aristophanes* und *Plautus* erwartete, etwas so kindisches herunterhaspelt, wogegen der *vierzigjährige A B C Schütz* und die hochgerühmte Tragödia von Dr. *Faust*, noch Meisterstücke sind; so möcht' ich vor Unwillen bersten: denn unwilliger werd' ich niemals, als wenn mich ein Mann täuscht, von dem ich was Großes erwartete. – Ich habe seinen *Hofmeister* mit Entzücken gelesen, und les' ihn, seiner Fehler ungeachtet, noch immer mit Wonne. Aber den *Menoza*? Da schreib' ich mir die Urtheile des Prinzen *Tandi* über die Europäer, die zarte Beschreibung von seiner Liebe zur *Wilhelmine*, und einige originelle Wendungen des Dialogs, heraus, und werfe das übrige ins Feuer. *Lavater* sagt von *Lenz*, daß er vor Genie verspritze; im *Menoza* spritzt er auch wirklich so gewaltig um sich, daß sich ihm niemand nähern kann, ohne die Kleider zu verderben. In einem Marionettenspiele müßt's doch endlich lieblich anzusehen seyn, wenn Graf *Camäleon* von seiner Maitresse erwürgt daläge, und man seinen Bedienten *Gustav* aufgehenkt im Hintergrund erblickte. – Schweig, Kritika! eh der dicke Bürgermeister kömmt, und dich durchprügelt.

So hat mich auch das *moralisch-politische Puppenspiel* von *Göthe* geärgert. So triviales, elendes, eckelhaftes Zeug wird man nicht leicht lesen. Will ich mich an Knittelversen belustigen; so nehm' ich den *Sachs* und *Sprengs Homer* und lach' über die ehrliche deutsche Einfalt von Herzen; wenn aber ein Genie, wie *Göthe*, der unsre Literatur mit so großen unsterblichen Producten bereichern könnte, im Mantel und Kragen auftritt, ein schiefes Maul macht, und Meistersang anhebt; da greif' ich nach der Schnalle, und geh zur Thür naus. Indessen sind auch in diesem *Puppenspiel* Züge, die einen treflichen Kopf verrathen. Schön ist der *Prolog*,

*das moralisch-politische Puppenspiel:* Johann Wolfgang Goethe (1749 bis 1832), *Neueröffnetes moralisch-politisches Puppenspiel*, erschien Herbst 1774, enthielt »Prolog«, »Das Jahrmarktsfest zu Plunderweilern. Ein Schönbartspiel«, »Ein Fastnachtsspiel vom Pater Brey, dem falschen Propheten« und »Künstlers Erdenwallen«.

viel trefliches sagt der *Maler,* hier und dar ist fressende satyrische Lauge; aber doch ärgert's mich, wenn ein *Göthe* Besenbinder, Tyroler, Schattenspielmänner und anderes Lumpenzeug auftreten läßt, das sich wohl auf dem *Augsburger* Jahrmarkt sehen, aber nicht lesen läßt. Vielleicht kömmt mein Widerwille gegen dieß *Puppenspiel* auch daher, weil ich's heiß von *Werther* las. Den besondern Lokalsinn dieser Posse zu errathen, ist meines Thuns nicht. – Gott behüt' uns vor Nachahmungen vom *Menoza* und diesem *Puppenspiele*!

64. Stück, 7. November 1774

## *Tonkunst.*

Nachstehende Musikalien sind kürzlich von Leipzig angekommen, und bey dem Buchhändler *Stage* in *Augsburg* um beygesetzte Preise zu haben.

Das berühmte Stabat Mater *von Pergolesi* mit *Klopstocks* Text. Leser, bist du noch nicht verwöhnt vom Schellenklange des Rondos, oder vom Trällern einer comischen Opernarie; so komm, bring dein Ohr und dein Herz mit; ich will dir dieß Stabat Mater auf dem Clavier vorspielen. Nur zwey mittelmäßige Menschen Stimmen sollen drein singen; und du must von Stein seyn, oder ein Zährchen, so süß, als du jemals ein's weintest, wird dir im Augenwinkel zittern. Erstaunend ists, mit welcher Kunst *Klopstocks* Geist in Pergolesis Musik kroch, und Empfindung und Worte just dahin stellte, wo sie hingehören. Pergolesi, wo dein Schatten auch schwebt, habe Dank für dieses Meisterstück der innigsten Andacht! Kostet 1. fl. 15. kr.

*Pergolesi:* Giovanni Battista P. (1710–36), Komponist der neapolitanischen Schule; das *Stabat Mater*, sein letztes Werk, gilt als Vollendung seines melodischen, sangbar-weichen Stils.

## *Etwas aus dem Thierreich.*

Die Füchse zeichneten sich 'nmal im Thierreiche durch Verschlagenheit und Einsicht so aus, daß ihnen durch einen allgemeinen Reichsschluß die Erziehung der Jugend anvertrauet wurde. Aber sie waren so schlau, daß sie ihren Zöglingen nichts als Worte ohne Verstand lernten; dadurch erhielten sie eine Art von Oberherrschafft über's ganze Thierreich. Ein alter Pavian sah dieß mit Unwillen, trat in einer Thierversammlung auf, und sagte: Schämet euch der Fesseln, die euch die Füchse anlegen, und streift sie ab! Sie tyrannisiren über euch durch ihren Witz, und bilden einen Staat im Staate. *Mir*, mir folgt! *Ich* will euch unterrichten! *Ich* will euch zeigen, daß die Weisheit kein Monopolium habe. *Ich, Ich,* – Das ganze Thierreich brüllte dem Pavian Beyfall zu, und jagten die Füchse aus dem Lande. Und nun war der Pavian der allgemcine Pädagog aller Thiere. *Seine* Meynungen, *seine* Lehren galten allein, waren allein weise. Ein Uhu sah dem Unfug aus einer Felsenblende zu, und sagte: O ihr Narren! Vor wart ihr Sclaven *aller* Füchse, und nun seyd ihr Knechte eines *Einzigen* Affen.
Und die Moral? Suchs, wer will.

65. Stück, 10. November 1774

## *Literatur.*

Liebe Lesegesellschaft,
Danke dir recht bidermännisch und herzlich für die Aufmerksamkeit, die du meiner deutschen Chronik schenkst. Dein Tadel ist mir so lieb, als das Lob eines seichten Kopfes, das den Geist mehr erniedrigt, als erhebt. Nimm mir's aber nicht übel: ganz bin ich mit deiner Critik nicht zufrieden; du gehörst zur Schule des Anmerkers über die deutsche Literatur, das merk ich aus deinem französisch-deutschen Stile. Hast wohl recht, daß wir Deutschen noch nicht in allen Theilen der Literatur an Ludwigs XIV. stolzes

Jahrhundert hinaufreichen; aber in vielen Stücken, z. E. in der Epopee, lyrischen Dichtkunst, Idylle, und Weltweisheit nach allen ihren Theilen, ragen unsere Teutonen über sie weit weg. Leßing, Klopstock, Herder, Göthe, die gewiß französisch können, und stattliche Männer sind, sagen's auch, darfst also mir gar nicht glauben. Klopstocks Gelehrtenrepublik möcht' ich eben nicht, wie du, verlachen. Lacht man über den Riesen Homer, wenn er nach vollbrachtem großem Tagwerke – eine Ilias ist doch ein Tagwerk? – ein wenig rastete? Und vielleicht find ich etwas in der Gelehrtenrepublik, das du durch dein französisches Augengläsgen nicht sehen kannst.
Hast recht; mein Stil ist sehr ungleich; aber, lieber Gott, meine Laune ists auch. Wüßtest du meine Umstände, was ich täglich lesen, schreiben, leiden und kämpfen muß, und was es für ein mühsames Geschäft sey, ein periodisches Blatt ohne Gehülfen zu schreiben; so würdest du Nachsicht mit mir haben. Mein Geist arbeitet unter einem Aschenhaufen; ich bin zufrieden, wann hier und da eine Kohle glimmt. Indessen will ich mich bemühen, so viel es Kopf und Laune verstatten, deinen Beyfall zu erringen: denn der Beyfall der Bidermänner ist Achtungswerth. Lebe wohl, liebe Lesegesellschaft, und beehre mich ferner mit deinem Beyfall oder Tadel.

66. Stück, 14. November 1774

Die wahre *Geschichte* des *Clavigo* ist kürzlich in Hamburg aus dem Französischen übersetzt erschienen. Bekanntlich hat *Göthe* den Stof zu seinem Clavigo daraus genommen. Die deutsche Muse rächte sich an dem Verfasser des Götz, und Clavigo wurde nur ein ganz mittelmäßiges Stück. Hier kann man sehen, wie Herr Göthe seinen Stof bearbeitet

*Geschichte des Clavigo:* Pierre Augustin Caron de Beaumarchais (1732 bis 1799), *Quatrième mémoire,* 1774. Wurde von Goethe innerhalb von acht Tagen dramatisiert (Uraufführung: 23. August 1774 in Hamburg).

hat. Die Geschichte selbst ist ausnehmend unterhaltend. In Paris wurden die Exemplare mit solchem Ungestümme weggekauft, daß der Verleger sich zur Sicherheit Wache ausbitten mußte. In Deutschland ist man nun freylich nicht so hitzig; aber doch glaub' ich, daß diese Geschichte viel Käufer finden werde.

68. Stück, 21. November 1774

Schon Jahr und Tage liegt *der Brief des Pastors zu *** an den neuen Pastor zu **** in den Buchläden zu Augsburg, ohne daß eine Seele sich drum kümmerte. Er ist nicht aus dem Französischen übersetzt, sein Verfasser, Herr D. Göthe, wollte nur unter dieser Maske unsern Priestern heilsame Wahrheiten vorpredigen. Diese 2. Bogen sind schwerer an Innhalt, reicher an gemeinnützigen großen Gedanken, als ganze große Werke über die Pastoraltheologie. Was er vom Systemdrechseln, von der Seeligkeit der Heiden, und der Verträglichkeit schreibt, ist besonders vortreflich, und denjenigen Leuten sehr zu empfehlen, die von diesen 3. wichtigen Artikeln nichts wissen wollen. Dieser vortrefliche Brief kostet bey Stage 8. kr.

72. Stück, 5. Dezember 1774

Die berühmte Komödie von *Lenz: Der Hofmeister*, die ich noch hundertmal mit Entzücken lese, ist wieder frisch angekommen, und für 15. kr. bey *Stage* in *Augsburg* zu haben. Herbey, ihr Freunde des Schönen, und kaufft's!

*Brief des Pastors zu *** an den neuen Pastor zu ***:* Aus dem Französischen. War 1772 entstanden und 1773 erschienen; Goethe vertrat hier »die Losung der damaligen Zeit«: Toleranz.
*Komödie von Lenz:* Jakob Michael Reinhold L. (1751–92), *Der Hofmeister Oder Vortheile der Privaterziehung. Eine Komödie,* erschien anonym 1774.

Da sitz ich mit zerfloßnem Herzen, mit klopfender Brust, und mit Augen, aus welchen wollüstiger Schmerz tröpfelt, und sag dir, Leser, daß ich eben *die Leiden des jungen Werthers* von meinem lieben *Göthe* – gelesen? – Nein, verschlungen habe. Kritisiren soll ich? Könnt ichs, so hätt ich kein Herz. Göttinn Critica steht ja selbst vor diesem Meisterstücke des allerfeinsten Menschengefühls aufgethaut da. Mir wars, als ich *Werthers* Geschichte las, wie der *Rahel* im 11ten Gesang des *Meßias,* wie sie im himmlischen Gefühl zerrann, und unter dem Gelispel des wehenden Bachs erwachte. – Ein Jüngling, voll Lebenskraft, Empfindung, Sympathie, Genie, so wie ohngefähr *Göthe,* fällt mit dem vollen Ungestümm einer unbezwinglich haftenden Leidenschaft auf ein himmlisches Mädgen. Die ist aber schon verlobt, und vermählt sich mit einem braven Manne. Aber diese Hinderniß verstärkt nur Werthers Liebe. Sie wird immer unruhiger, heftiger, wütender, und nun – ist jede Wonne des Lebens für ihn tod. Er entschließt sich zum Selbstmorde, und führt ihn auch aus. Diesen simplen Stof weiß der Verfasser mit so viel Aufwand des Genies zu bearbeiten, daß die Aufmerksamkeit, das Entzücken des Lesers mit jedem Briefe zunimmt. Da sind keine Episoden, die den Helden der Geschichte, wie goldnes Gefolg einen verdienstlosen Fürsten, umgeben; der Held, *Er, Er* ganz allein, lebt und webt in allem, was man liest; *Er, Er* steht im Vorgrunde, scheint aus der Leinwand zu springen, und zu sagen: Schau, das bin ich, der junge leidende Werther, dein Mitgeschöpf! so mußt ich volles irdenes Gefäß am Feur aufkochen, aufsprudeln, zerspringen. – Die eingestreuten Reflexionen, die so natürlich aus den Begebenheiten fliessen, sind voll Sinn, Weltkenntniß, Weisheit und Wahrheit. Thomsons Pinsel hat nie richtiger, schöner, schrecklicher gemalt, als Göthes. Soll ich einige schöne Stellen herausheben? Kann nicht; das hiesse mit dem Brennglas Schwamm anzünden, und sagen: Schau, Mensch, das ist Sonnenfeur! – Kauf's Buch, und lies selbst! Nimm aber dein Herz mit! – Wollte lieber ewig arm seyn, auf Stroh liegen, Wasser trinken, und Wurzeln essen, als einem solchen sentimentalischen Schriftsteller nicht nachempfinden können. Ist bey Stage zu haben.

73. Stück, 8. Dezember 1774

## *Schweden.*

Aller Nachahmung würdig sind die Anstalten, welche unser König in der Policey trifft. Er hat die neue Handwerksordnung gemacht, stellt alle abgeschmackte Handwerksgebräuche ein; die Feuranstalten sind durchs ganze Königreich schnell und rettend; der Bettel ist eingestellt; Reinlichkeit herrscht in den Gassen der Städte, und Bequemlichkeit auf den Landstrassen; die Victualienpreise sind bestimmt, und der Hyäne Gewinnsucht ist der Kopf abgehauen. Kürzlich hat der König einem Wirth, der wider die öffentliche Verordnungen Vierling 5. Würste, die bey einem Metzger höchstens für 12. Kreutzer erkaufft werden dürfen, für 30. Kreutzer seinen Gästen anrechnete, auf dem öffentlichen Markt von einem tüchtigen Corporal 100. Prügel aufzählen lassen.
Wäre man überall so strenge, so würden wir auch in A– solche Bastonnaden erleben.
O Policey, du Tochter der Ordnung, wohin bist du geflogen?

## *Etwas deutsches aus Paris.*

Neulich haben die Franzosen allergnädigst geruht unsers Leßings Minna von Barnhelm, von Chabannes übersetzt, öffentlich aufzuführen. Wie wird da unser guter Preußischer Paul Werner verhunzt worden seyn! Denn den Fran-

*Minna von Barnhelm:* Gotthold Ephraim Lessing (1729–81), *Minna von Barnhelm oder Das Soldatenglück,* Lustspiel, 1767.

zosen fehlt ein Original, daran sie einen so starken Charakter studieren könnten. Doch hatte das Spiel Beyfall. Diese Comödie, sagen die Franzosen, ist voll Interesse, mit ungemeiner Leichtigkeit*) geschrieben, die besondern Züge sind trefflich, die Charaktere der Personen sind gut angelegt, und mit Nachdruck behauptet, und sie verdient den Beyfall, den sie erhielt.
Nächstens wird auch Miß Sara Sampson zum 12tenmal aufgeführt werden. Heilige Melpomene, wie wirst dich freuen!

74. Stück, 12. Dezember 1774

## *Würtemberg.*

Die *Herzogl. Militärschule* auf der *Solitude* ist wirklich ein Augenmerk von Deutschland, und was kann aber auch größers seyn, als ein Fürst, der seinen meisten Ergötzlichkeiten entsagt, um dem Staate weise und tugendhafte Bürger zu hinterlassen. Man hat zwar verschiedene Militärschulen in Deutschland; aber gewiß keine, wo der Fürst selbst den größten Antheil der Sorgfalt übernimmt, für die Leibs- und Seelengesundheit der Zöglinge wacht, und wo er den Fleiß mit einem Aufwande ermuntert, der seines gleichen nicht hat. Kürzlich haben die jährlichen Examina wieder ihren Anfang genommen. Die Zöglinge der Zeichenkunst, die die Unterweisung eines *Guibal*, *le Jeune***) *Harper*, *Scotti*, dieser vortrefflichen Männer, geniessen, wurden

*) Du lufftiger Anmerker über die deutsche Literatur, sagst mehr, uns Deutschen fehle es an Leichtigkeit? Freylich können wir nicht immer leicht seyn.

**) Mit *Guibal* wird Deutschland durch die *Miscellanien* näher bekannt werden; aber einen *le Jeune* kennt es noch nicht. – Ich sah seinen *Apoll*, und bey Gott! *Verschaffels* Apoll in *Schwezingen* kam mir wie Steinmetzenarbeit dargegen vor.

*Miß Sara Sampson:* Gotthold Ephraim Lessing, *Miß Sara Sampson. Ein bürgerliches Trauerspiel*, 1755.
*Melpomene:* Muse der Tragödie.

zuerst von dem Professor der Akademie *Schott* geprüft. *Le Bret* prüfte in den römischen Alterthümern; *Harper* in der Theorie der Malerey, *Uriot**) in der *deutschen* – nicht doch, in der *französischen* Geschichte, und *Haug*, in der politischen Erdbeschreibung. In der Folge wurde Latinität, Baukunst, Aesthetik, griechische Sprache, Osteologie, Universalhistorie und Philosophie vorgenommen, und jedermann erstaunte, der das Glück hatte, diesen Untersuchungen beyzuwohnen, und die Fertigkeit der Zöglinge in den Wissenschafften und Künsten, nebst ihrem äusserlichen schönen Anstande und guter Sitte zu bewundern. Der *Herzog* erlaubt bey dieser Gelegenheit jedem Fremden, Fragen an die Zöglinge zu thun, und da ists eine Lust zu sehen, wie offt der Gefragte den Fragenden in Verlegenheit setzt. Zu wünschen wäre es, daß wir von diesem herrlichen und unserm Vaterlande so zur Ehre gereichenden Institut, eine bessere, unterrichtendere Beschreibung hätten. Was drüber geschrieben wurde, ist für die Ausländer nicht befriedigend genug, und darzu hat ihr Hauptverfasser eine zu steife ceremoniöse Sprache, als daß er ganz gefallen könnte. Dieser Gegenstand ist für mich selbst so angenehm, daß ich meine Leser nächstens noch einmal damit zu unterhalten gedenke.

## *Politisches Spreu.*

Der Pfarrer zu *Klösterle Gaßner* fährt fort, den dummen Schwabenpöbel zu blenden. Er heilt Höcker, Kröpfe, Epilepsien – nicht durch Arzneyen; sondern bloß durchs Auflegen seiner hohepriesterlichen Hand. Kürzlich hat er ein herrliches Buch herausgegeben, wie man dem Teufel widerstehen soll, wenn er in Menschen und Häusern rumoret. Und da giebts noch tausend Menschen um mich her, die

*) *Uriot* ist auch ein Männ'chen, der auf deutschem Grund und Boden den deutschen Geist in französischen Brühen ertränken möchte.

diesen Narrheiten glauben – Heiliger *Socrates*, erbarme dich meiner! Wann hören wir doch einmal auf, Schwabenstreiche zu machen?

77. Stück, 22. Dezember 1774

Wir Deutsche haben keine so freymüthige Schriftsteller, wie die Engelländer! – Glaubs wohl, Hunger, Schmach, öffentliche Schande erwarten den, der's wagt, frey von der Brust zu schreiben. Wenn in den Stunden der Begeisterung uns die Freyheit einen kühnen Gedanken zuschickt, und er mit dem Flammenblicke und dem fliegenden Haare ans Pult tritt; so schleicht gleich die kalte Behutsamkeit auf den Zehen herbey, und führt ihn ganz langsam wieder zum Zimmer hinaus. Wenn man die verschiedenen Zeitungen, Tagbücher, Zueignungsschrifften, Lobreden, Programmen u. d. g. aus allen Provinzen Deutschlands sammelte; so sollte man glauben, Deutschland würde von lauter Göttern, Seraphims und Cherubims beherrscht. Mein Fürst ist ein Gott! Meine Obrigkeit untrüglich! Welche Policey! Welche menschenfreundliche Anstalten! spricht der Lobredner auf der Kanzel und im Rednerstule – Und unten steht der Patriot, macht zwey Fäuste in seine Tasche, beißt die Zähne zusammen, und Thränen rieslen in seinem Bart.

## *Eine Fabel.*

In *Lybien* starb 'mal ein Löwe. Ein Fuchs war sein Parentator: Traurt, ihr Wälder, fieng er an, eure Zierde ist dahin! Heule, erhabene Thierversammlung! dein Haupt ist nicht mehr! *Thierliebe* war die Stütze seines Throns. *Ordnung* begleitete ihn im weiten Gebiete seines Reichs. Er war ein *Freund* der *Wissenschafften* und *Künste*, und – ach! er

*Parentator:* Leichenredner.

ist nicht mehr! Klaget, ihr Eichen! jammert, ihr Felsen! heulet, ihr Thiere! – Was der Kerl lügt! sagte der Luchs zum Hunde. – Des Löwen Thron waren Knochen zerrissener Thiere. Im Walde herrschte die schrecklichste Unordnung – Der Schwache war immer ein Raub des Starken. Unter seiner Regierung flohen die weisen Elephanten in Wüsteneyen; der häusliche Biber zerstörte seine Wohnung, und starb im Flußsande; und Pavian Matz, der größte Maler an seinem Hofe, der ihn wohl 20mal abconterfaite, und seine Höhle in Fresco bemalte, krepirte vorgestern vor Hunger. Und das wundert dich, Luchs? sagte der Hund. Man siehts wohl, bist noch niemal unter den Menschen gewesen.

## *Literatur.*

*Fastenpredigten, nebst einigen Gelegenheits-Predigten* von *Lavater* hat *Brönner* in *Frankfurt* verlegt. Silber und Gold hast du nicht, Gottesmann; aber, was du uns giebst, das giebst du uns im Namen Jesu des Gekreutzigten! Ich gesteh es noch einmal, daß es hören kann, wer mich liest, keinen evangelischern, christlichern, innigern, wärmern Prediger für mein Herz kenn' ich nicht als diesen. Welcher Lebensgeist! Welche daurende Wärme!

*Lavater* scheint mehr mit dem Herzen, als mit der Vernunft zu predigen, und doch sagt meine Vernunft, wenn ich mein müdes Haupt aus dem Strome der Empfindungen empor hebe: Ach ja, der Mann hat recht! Der muß schon hier Himmelsseeligkeit empfinden, der nach den Vorschrifften dieses gesalbten Lehrers sein Leben einrichtet. Hier findst du also, lieber Leser, apostolische Predigten auf Weihnachten, auf die Leidenszeit, auf Ostern, Himmelfahrt, Pfingsten, und das Neue Jahr, nebst einigen Casualpredigten. Die Sätze sind alle nicht gesucht, sondern fliessen ganz natür-

*Lavater:* Johann Kaspar L. (1741–1801), philosophischer Schriftsteller, Geistlicher in Zürich, Freund Herders und Goethes.

lich aus dem Text. Seinen hinreissenden Stil, seinen Eifer für die Ausbreitung des Reichs Christi kennst du schon. Komm also her, und kauf Nahrung für deine Seele; wird dich erquicken in der Zeit, und wirst noch Vorrath haben für die Ewigkeit.

79. Stück, 29. Dezember 1774

## *Nachricht.*

Beym Buchhändler *Stage* in *Augsburg* ist gar eine schnackische Lektür auf künftige Fastnacht für 6. kr. zu haben: *Joseph Gaßners,* Pfarrers zu *Klösterl,* Antwort auf die Anmerkungen, welche in dem *Münchnerischen* Intelligenz vom 12. Nov. wider seine Gründe und Weise zu *exorciren,* wie auch von der *deutschen Chronik* und andern *Zeitungsschreibern* gemacht worden. *Mit gnädiger Erlaubniß des Hochwürdig Augsburgischen Ordinariats.* Dem guten Manne ist der Exorcismus so geläufig, daß er *Hr. Kohlenbrenner,* mich, und den *Ulmer* Zeitungsschreiber auch exorciren will. Wer gerne Ausfälle auf mich liest, der kann hier mit Vergnügen sehen, wie der Hochwürdige Pater *Gaßner* schäumt und rumort. Die *Vernunft* hat schon einem ihrer Schüler Befehl gegeben, einen Hauptexorcismus mit ihm vorzunehmen – Und es fuhr ein *Teufel* aus, der hieß *Legion.* – Warum giebts doch in *Berlin, Paris* und *London* keine Besessene? fragte mich neulich mein Freund. Darum, antwortete ich, weil er lieber in die Säue fährt.

Vierte und fünfte Beilage, November und Dezember 1774.

## *Nürnberg.*

Die Felßeckerische Buchhandlung hat das Publikum mit einer neuen Auflage der *Lebensbeschreibung des Göz von Berlichingen* beschenkt, aus dem der Riesenarm des vortreflichen *Göthe* sein *Einziges* Schauspiel hob. Da hör ich den trauten alten deutschen Ritter in seiner Kraftsprache sprechen, herzlicher und behaglicher, als wenn unsere meisten jungen Herrlein, mit dem Pariserdegelein an der Seite, in halbfranzösischer Sprache von ihren Kriegsthaten am Putztische, in Kaffeehäusern und vornehmen Versammlungen pralen. Was würde der alte Göz sagen, wenn er aus'm Grabe erwachte, mit Schild, Schwerdt und Koller angethan, mit 'm eisernen Helm auf'm Haupt und dem wehenden Federbusche; wenn er dann unsre von französischen Brühen aufgefütterte Ritterlein, die wie Balsambüchslein riechen, vor sich säh; würd er nicht die eiserne Hand gen Himmel heben, und schwören: ihr seyd nicht meines Stamms! Sein Bub würde heraufkommen, und die Weichlinge aus'm Todtengewölbe peitschen, wo die Geister der alten deutschen Helden schweben. Wohl hat der Herausgeber gethan, daß er die gröstentheils kindischen Anmerkungen der vorigen Ausgabe wegließ, und statt deren kurze und erläuternde Anmerkungen, vorzüglich über die Bedeutung einiger veralterten deutschen Wörter beyfügte. Wär ich reich; ich kaufte Felßeckern den ganzen Verlag ab, daß er nur sein Versprechen hielt', und uns die noch ungedruckte merkwürdige Lebensgeschichte eines fränkischen Ritters lieferte. *Göz* ist bey Stage, Wohlern, Stettin, Mezlern und Schwan in Mannheim für 45. Kr. zu haben.

1. Stück, 2. Januar 1775

## *Neuigkeiten.*

Unsers *Göthe* Meisterstück, *Götz von Berlichingen* ist ins Englische übersetzt worden, und wird nächstens in *London* aufgeführt werden. Ein deutsches Schauspiel in London, wo Shakespear seine Riesenstücke zuerst vorstellte! Was muß man nicht erleben! Bin doch sehr begierig auf die Wirkung, die dieß herrliche Stück in London hervorbringen wird.

2. Stück, 5. Januar 1775

## *Eine Anekdote.*

Zu einem Minister an einem gewissen Hofe kam kürzlich bey der Abwesenheit des Fürsten eine Officiers-Wittwe. »Mein Mann ist todt; so lang er lebte, hatte ich Brod; nun hab ich nicht so viel, daß ich ihn begraben lassen kann; ach um ihres guten Herzens willen, retten sie mich, und geben sie mich nicht dem Hunger und der Verzweiflung Preis!« – Es soll Ihnen geholfen werden, Madam, sagte der Minister, kommen Sie morgen wieder! Den andern Morgen ließ er einen Sänger kommen: Was haben sie Besoldung, mein Herr? – Tausend Gulden. – O! sagte der Minister: sie könnten jetzt eine große, eine menschenfreundliche That thun, und die ganze Ehre davon allein haben. Einer armen Wittwe könnten sie helfen. Wär's nicht möglich, daß sie mit achthundert Gulden leben könnten? – Diabolo, schrie der Sänger, *Virtu* muß bezahlt seyn; lieber geben sie mir meinen Abschied! – Was für ein edelmüthiger Mann sie sind! sagte der Minister. Nun kann ich fünf Nothleidenden damit helfen. Sie sollen ihren Abschied haben. Der Minister klingelte. Die Wittwe trat herein. Madam, Ihnen ist geholfen. Hier ist eine Anweisung auf 200. Gulden für die Leichenkosten ihres Gemahls, und ein Jahrgehalt von 200. Gulden. Danken Sie nicht mir, sondern hier diesem würdigen Manne, der die Güte gehabt hat, es ihnen abzutretten. Die Wittwe neigte sich, und der entmannte Trillerschläger gieng wie vom Blitze geröstet, hinweg. Möchten doch alle deutsche Minister so biderb und gut seyn, wie dieser!

6. Stück, 19. Januar 1775

Die Franzosen können unsere *Minna von Barnhelm* auch in der Verunstaltung des *Chabannes* nicht genug hören. Der entmannte *Anmerker* über die *deutsche Literatur* sagt: Wir hätten gar kein gutes deutsches Lustspiel. Dem Manne sollte man schon lange die Ruthe gegeben haben, wenn es nicht Schade wäre, Weiden an deutschen Bächen geschnitten an seinem Rücken zu zerfetzen.

8. Stück, 26. Januar 1775

## *Nachricht.*

Von den *Leiden des jungen Werthers*, diesem Meisterstücke, das mehr Geschichte als Roman ist, kan man nun einen sehr saubern, dem Original entsprechenden Nachdruck bey *Stage* in Augspurg und *Wohler* in Ulm haben, auf Schreibpapier für 36. kr. und auf Druckpapier für 30. kr. Will doch sehen, wie viel dieser Roman noch Liebhaber unter uns bekömmt! Man hat *Gellerts Schwedische Gräfinn* von G***, dieses Romänchen ohne Geschmack und Genie, und, was das ärgste ist, mit der häßlichsten Moral verbrämt, zu tausenden ins Publikum neingesät. Wäre der gute Geschmack unter uns allgemein; so müßten *Werthers Leiden* zu hunderttausenden aufgekauft werden.

9. Stück, 30. Januar 1775

## *Vaterländische Klagen.*

Man darf weder den Hypochonder noch den Spleen haben; so wird man doch Ursachen genug zum traurigen Mißvergnügen finden, wenn man mit prüfendem Auge und redlichem Herzen auf sein Vaterland hinblickt. Leser, sey 'nmal ein Mann, verschließ die Augen nicht aus sclavischer Furcht, schau' nicht durchs Prisma einer übertriebenen

*Gellerts Schwedische Gräfinn:* Christian Fürchtegott Gellert (1715 bis 1769), *Das Leben der schwedischen Gräfin von G****, 2 Bde., 1747/48.

Vaterlandsliebe, sondern stell' dich mit mir auf einen Berg, athme die feinern Lüfte der Freyheit, thu die Augen weit auf, und wafne dich mit dem Sehrohr der Weisheit. Was siehst du? Scheint nicht dein Vaterland um dich her in der fürchterlichen Stille zu liegen, worauf ein Sturm folgt? Scheinen nicht deine Mitbürger muthlos Kopf und Hand sinken zu lassen? Scheint nicht die Gewerbsamkeit mitten aufm Wege stille zu stehen, vor tiefem Gram, an irgend einem Felsen zu sinken, und ihren Tod zu erwarten? Die Furie Zwietracht hat da und dort ihre Fackel angesteckt, und schwingt sie durch die Lüfte, um sie in Flamme zu bringen. Die ruhige Weisheit, der Friede und die Töchter der Fülle, der Geschmack von Grazien umgeben, scheinen schon irgendwo ein besseres Volk zusuchen, um es glücklich und froh zu machen. – O ich mag das ganze finstere Gemälde nicht ausmalen. Will die Farben nur Klumpenweis hinwerfen, magst sie selber verwaschen:

Die Uneinigkeit der Evangelischen und Katholischen Gesandtschaften zu Wetzlar vermehren sich täglich. Wir wollen die Ursachen reif werden lassen, ehe wir sie dem Publikum vorlegen. Der König von Preußen hat kürzlich ein sehr nachdrückliches Schreiben, voll von Protestationen durch seine Gesandtschaft übergeben lassen, wovon man begierig den Erfolg erwartet.

Der *Fanatismus* fängt an wieder seine alte Rolle zu spielen, und seine Götzen auf die Altäre der Wahrheit zu stellen. –

Die herrlichen *Erziehungsanstalten*, die das Herz des Patrioten mit mancher süssen Ahndung erfüllten, sind in Gefahr, wieder in der Geburt zu ersticken. –

Die *wahre Gelehrsamkeit* wird von falschem Witze verdrungen. Man darbt an wahren Gelehrten, und macht Schulknaben zu Professoren. –

Unsere *Cameralisten* sind nicht weise Verwalter des Staatsschatzes, sondern Plusmacher geworden. –

Das *Verdienst* wird nicht mehr nach Kopf, Herz und Thaten, sondern nach der Biegsamkeit unseres Rückgrads bestimmt. –

Die *Policey* – o mir kocht das Herz, eine vaterländische Thräne stürzt, und ich schließe vor Unmuth, weil ich nicht alles sagen darf, was ich wollte, diesen tragischen Monolog.

14. Stück, 16. Februar 1775

Die Zahl der Freunde und Vertheidiger des Jesuiterordens vermindert sich täglich. Die Partey der Großen und der Verständigen ist gegen sie. Daß hier und da katholischer Pöbel noch ein Seufzerlein für sie gen Himmel schickt, machts nicht aus. Die Welt sieht nun einstimmig ein, daß die Verdienste dieses Ordens nicht so groß gewesen, als man Anfangs glaubte. Die Katholischen machen nun die herrlichsten Erziehungsanstalten, ohne Beystand der Jesuiten, und wir Protestanten haben schon längst in allen Theilen der Wissenschaften Meister aufzuweisen, ohne unsere Weisheit aus den Schulen oder Schriften der Jesuiten geholt zu haben. In der Mathematik und Physik hatten sie einige sehr gute und brauchbare Männer, in allen andern Wissenschaften aber würd' es schädlich seyn, ihre Grundsätze fortzupflanzen. Ihre Theologie ist ein weitläuftiges, scholastisches Gewirre, das das Herz nicht bessert, und den Verstand mit unnützen Subtilitäten anfüllt. Ihre Methode, die Philosophie zu lehren, ist steif und unnütze. Schwimmt auch hier und dar eine große Leibnitzische Idee in ihren Systemen; so ersticken sies wieder in ihrem eignen Wuste. Ihre Moral ist verderblich und dem Staate nachtheilig, und in den schönen Wissenschaften haben sie kaum etwas mehr gethan – als gelallt.

Schubart unterstreicht die Bedeutung dieses Artikels, den er in seinen Lebenserinnerungen zitiert: »Ich beging gleich anfangs die Unvorsichtigkeit (eine Furie, die mich immer geißelte) den gefallenen Jesuiter-Orden anzugreifen, der nichts weniger als tot, sondern nur ein gefallener Riese war, der alles, was sich ihm zu dreist näherte, mit der Faust niederriß, und nicht selten in freier Luft zermalmte . . . Ein Stein zu meinem Kerkergewölbe!« (*Leben und Gesinnungen,* Bd. 1, Stuttgart 1791, S. 244 f.)

17. Stück, 27. Februar 1775

## *Rußland.*

Den 21. Jänner ist Pugatschew zu Moskau geviertheilt worden. Er starb mit dem eisernen Trotze eines Barbaren, ohne zu beten oder zu beichten. Ein Fluch, den er über sein elendes Schicksal herausbrüllte, war sein letzter Seufzer.

*) Wie nah doch der Trotz eines Barbaren an den studirten Stoicismus des Philosophen gränzt! Gewiß ists, um bey ausserordentlichen Unglücksfällen gelassen zu seyn, muß man entweder viehische Dummheit oder englische Weisheit besitzen.

Die große Friedensfeyer in Moskau wird uns nächstens Stof genug darreichen, ein paar Zeitungsblätter mit auszufüllen.

Die hochwürdige theologische Facultät zu Leipzig hat kürzlich die *Leiden des jungen Werters* confiscirt.

22. Stück, 16. März 1775

## *Literatur.*

Die *Freuden des jungen Werthers* sind jetzt in tausend Händen, und verdienens traun nicht. Man hat neulich dem *Nothanker* einen Kopf mit 'm Frazengesicht aufgesetzt; das wollt' Nikolai nicht leiden. Drum ward er zornig, wollte dem *Werthers* den Kopf runter schlagen, und ein französisches Milchgesichtlein drauf stellen, a la Vestris frisirt, und mit Lyonerroth bemalt; aber 's wollte niemand

*21. Jänner:* 11. Januar alten Stils.
*Freuden des jungen Werthers:* Friedrich Nicolai (1733–1811), *Freuden des jungen Werthers. Leiden und Freuden Werthers des Mannes,* Berlin 1775.

behagen, als den artigen Herrchen, die nur gewohnt sind, Porcellainfiguren auf den Toiletten zu sehen. Da spöttelt der Mann über den gerupften Stil, und über den Geniestrom, der hoch einherbraust, und auch ihm sein Tulipanenbeetchen wegzuschwemmen droht. Das Ding kömmt mir just vor, als wenn ein bebalsamter und bedufteter griechischer Süßling zum Scopas gekommen wär, und gewinselt hätte: gieb doch deinem Laokoon ein Alltagsgesicht. – So *Nikolai* zu *Göthe*: mach doch aus deinem Werthers einen guten Jungen, der sich nicht gleich vor'n Kopf schießt, wann er 's Mensch nicht kriegen kann. Laß lieber den Albert 'n Hasenfuß seyn! Soll dann das *Genie* handeln, wie die *kalte Vernunft*? Soll *Feuer Wasser* seyn? – 'Nunter mit dem Quark in Entengraben!

30. Stück, 13. April 1775

## *Maskeraden Histörchen.*

Ich hab' auf Maskeraden Leute gesehen, die in ihren Verkleidigungen oft sehr witzige Einfälle hatten. Kürzlich hatt' eine Gesellschaft von Edelleuten in Neapel einen solchen lichten Einfall, der hieher gehört. Sie kamen als Giganten gekleidet, mit großen Felsenstücken auf dem Rücken in den Tanzsaal. Die ganze glänzende Versammlung staunte diese Himmelsstürmer an. Endlich aber warfen sie ihre Felsenlasten ab, und man fand, daß es gemalter Pappendeckel war, und die ungeheure Felsenlasten wogen kaum einige Pfund; c'est l'esprit des nations modernes! sagte einer von den vermummten Riesen lächelnd. Leider ein gröstentheils wahrer und richtiger Einfall! Nur die *Engelländer* und meine *Deutsche* nehm' ich aus; denn deren Schultern sind noch fähig, nicht gemalte, sondern wirkliche Felsenstücke zu tragen. Noch eine schönere Mummerey! Der *Graf* von der *Lippe,* ein Bruder des regierenden Grafen von Bückeburg, tratt' 'nmal in *Hermannstracht* unter die Masken, und deklamirte ein heißes Vaterlandslied von *Klopstock*. Auf seinem Schilde flammten die heiligen Worte: *Vaterland* und *Freyheit*. Kaiser *Joseph* war zugegen, und lobte den Grafen und *Klopstocks Hermannsschlacht*.

31. Stück, 17. April 1775

## *Eine Anekdote aus der Welt.*

Ein paar hundert Poststationen von hier überreichte vor einiger Zeit ein andächtlender Hofmann dem Fürsten eine Liste von den Freygeistern seines Landes, und machte einen von den verdienstvollsten geheimden Räthen zum Anführer derselben. Der Fürst, der eben am Kamin stand, überblickte die Liste, und sagte zum Höfling, indem er das fürchterliche Verzeichniß ins Feuer warf: Wann ich alle diese Leute als Freygeister zum Teufel jagen wollte; so brächt' ich mein Land um die besten Köpfe und vortreflichste Männer. Ein ernster Fürstenblick verscheuchte den Höfling. Gleich darauf übergab der beleidigte geheime Rath dem Fürsten eine Liste von den Dummköpfen des Landes, und setzte seinen Ankläger oben an. Der weise Fürst lächelte, und sagte: Man muß die Esel füttern; denn sie tragen auch Lasten.

33. Stück, 24. April 1775

## *Literarische Neuigkeit.*

Der berühmte Chorherr, *Breitinger*, ist kürzlich zu *Zürich* mit Tod abgegangen. Sein Vaterland hat an ihm einen seiner würdigsten und brauchbarsten Bürger, und die gelehrte

*Breitinger:* Johann Jakob B. (1701–76), starb erst am 13. Dezember 1776; vgl. *Teutsche Chronik*, 103. Stück von 1776.

Republik einen Aldermann verloren, dessen Andenken sie in ihren Annalen verewigen wird. *Er* und *Bodmer* sind gleichsam die Väter der deutschen Kritik. Durch seine *kritische Dichtkunst* hat sich *Breitinger* ein Denkmal gestiftet, das bis auf die spätesten Zeiten dauren wird. Wie viele neumodische lieblichplaudernde Aesthetiken, Poetiken und Kritiken überwiegt nicht dieß vortrefliche Werk, das leider im Staub liegt, verkannt, wie der redliche Mann unter 'm Moosdache, und niemand achtet seiner. Ueberhaupt gehört *Breitinger* unter die ersten und besten Kunstrichter, die wir jemals gehabt haben. Seine Ausgabe der siebenzig Dollmetscher, seine einzelne kritische Abhandlungen in lateinischer und deutscher Sprache sind voll einsichtiger, tiefforschender Kritik. Es wäre zu wünschen, daß – etwann der jüngere *Fueßli Breitingers* kritische Dichtkunst neu herausgeben, und dasjenige dran verbessern oder hinzusetzen würde, was die 35. Jahre, die seit ihrer Herausgabe verflossen sind, erfunden, entdeckt und nothwendig gemacht haben. *Breitinger* hatte einen vortreflichen moralischen Charakter; er liebte die Menschen, sein Vaterland, vorzüglich die Religion über alles. Biderb war er, wie ein ächter Schweizer, und starb mit dem vollen Muthe, den uns das Vertrauen auf die Verheissungen der christlichen Religion gewährt. Friede sey mit seiner Asche!

42. Stück, 25. Mai 1775

## *Literatur.*

In der *dritten Lieferung* der *Schreibtafel* glänzt der junge Maler abermals alle seine Mitarbeiter wie Dunstbilder weg. Ich weiß nicht leicht einen Poeten, der im Pittoresken die

*Schreibtafel: Die Schreibtafel.* Zeitschrift, die der Kurfürstliche Hofbuchhändler C. F. Schwan in Mannheim herausgab; Müller veröffentlichte in der zweiten Lieferung (1775) »Der Faun. Eine Idylle«, in der dritten (1775) »Der erschlagene Abel«, in der fünften (1776) »Das Hei-

Stärke dieses rüstigen Jünglings hätte. Welche Einbildungskraft! welche starke Sprache herrscht nicht gleich im ersten Gedichte! – Nach meiner Empfindung hat er in der *Skizze Abel* an Natur, Neuheit der Bilder, malerischen Situationen und selbst an Sprachgewalt *Geßnern* weit übertroffen. Das will viel sagen; aber lies, Leser, (nur fein hübsch warm und gefühlvoll) wirst's mit freudigem Schauder fühlen, daß ich wahr geredet habe. Die Ode an meine *Schattenquelle*, die dem treflichen Herrn Kobelt Stoff zur Titelvignette gab, dürfte *Rammler* wohl auch gemacht haben. Auch das *Frühlingsliedchen* ist schön. Noch setz' ich das *Programm zu einem Familiengemälde* her; so hab' ich das poetisch gute in der Schreibtafel angezeigt. Die prosaischen Stücke sind dießmal sehr unterhaltend, und meistens mit dem besten und menschlichsten Herzen niedergeschrieben. *Ferdinand von Degenfeld*, (S. 96.) das war ein Mann nach meinem Herzen. – Seine beede Augen wurden ihm im 18. Jahr aus'm Kopf geschossen. Er ertrug's aber, wie 'n Mann, bis die Franzosen 1693. Heidelberg belagerten. Die Regierungsräthe entwichen, und der Commendant war bekanntlich 'n schlechter Kerl. Da stieß *Degenfeld* mit 'm Stock auf den Boden, und sagte mit patriotischem Unwillen: *ach hätt ich nur jetzt – nur jetzt meine Augen!* Das sind Anekdoten, die 'm deutschen Mann 's Herz vor Freude heben.

43. Stück, 29. Mai 1775

## *Frankreich.*

Der Geist des Aufruhrs ist auch in diese glückliche Provinzen eingedrungen. Es scheint, der Friede daure den Euro-

delberger Schloß« und in der sechsten (1778) »Niobe, ein lyrisches Drama«.

*Maler:* Friedrich Müller, gen. Maler Müller (1749–1825), von Schubart hochgeschätzter Erzähler, Lyriker und Dramatiker des Sturm und Drang.

päern zu lange; daher diese Thätigkeit, dieß Murren, dieß Ungestümm in den meisten Provinzen. Die Bauren in *Rheims* empörten sich wider die Fruchttheurung, die ohne Noth, bloß durch die abscheuliche Gewinnsucht der Kornwucherer so hoch angewachsen, daß es den Unterthanen unerträglich fällt. In Versailles ist das Volk ebenfalls in Aufruhr, so wie in St. Germain. Am meisten befürchtet man wegen Paris; dann Aufruhr in einer Stadt, wo beynahe eine Million Menschen wohnet, ist was schreckliches. Man hat bereits die nöthigen Maaßregeln ergriffen, um diesem Aufruhre vorzubeugen. Jeder Becker daselbst hat eine Wache vor dem Hause, um ihn vor Anfällen des Pöbels sicher zu stellen; und an verschiednen Plätzen der Stadt stehen Soldaten in Bereitschaft. Es sind bey 120. Aufrührer eingesetzt worden, mit welchen man, um ein strafendes Beyspiel zu geben, sehr hart verfahren wird. Dieser Umstand soll im Verborgenen von den Feinden der Regierung ausgedacht worden seyn, und man hat Hofnung, diese Frevler zu entdecken.

Schon weit hat dieser Geist der Unruhe um sich gegriffen. Sonderlich äusserte er sich in Versailles, dicht am Throne des Königs, am heftigsten. Der Graf von *Artois* setzte sich zu Pferd, um die Aufrührer zu stillen. Er warf Geld unter sie aus; allein das Volk rief: *wir wollen kein Geld, sondern Brod!* Alle Beckenläden wurden geplündert, und das vorräthige Korn und Mehl weggenommen. Der König äusserte bey diesem Vorfalle ungemein viel Standhaftigkeit, und sagte: Aufrührer verdienens nicht, ein wohlfeiles Brod zu essen. Dreyßigtausend königliche Truppen stehen vor Paris, und 50000 sind in andere Provinzen zertheilt worden, um die Flamme des Aufruhrs zu dämpfen. Stehende Heere sind überhaupt ein trefliches Mittel den Rebellen ihren Kitzel zu nehmen.

Sonst dauren die Kriegsrüstungen in Frankreich immer fort; der König will der Nation eine auswärtige Beschäftigung geben. Ob es auf England gemünzt sey, muß die Zeit lehren. So wohlthätig und gnadenvoll der Charakter Ludwig XVI. ist, so wenig ist das Volk mit ihm zufrieden. Es werden täglich in Paris die schändlichsten Pasquille wider den besten König ausgestreuet.

*) Wir Deutsche unterscheiden uns auch dadurch auf eine rühmliche Art von andern Völkern, daß wir mit unsern Regenten zufrieden sind, sie mögen seyn, wie sie wollen. Deutsche sind die besten Unterthanen, ob sie gleich auch unter'm Drucke des Despotismus niemals das Gefühl ihrer eigenen Würde verlieren.

49. Stück, 19. Juni 1775

Der König von Preußen legte seiner Akademie die Preisfrage vor: *Welches ist die Ursache vom Verfalle ganzer Nationen?* Man antwortete hundertfach, französisch, welsch, latein und deutsch. Wer meinst wohl, Leser, wer den Preis erhielt? – *Herder* stund im versiegelten Zettel. Gott grüß dich, lieber deutscher Mann! 's freut mich 's Herz im Leib', wann ich sehe, wie du den Französlingen zu Berlin den Rang abläufst. Mach fort, und ewige Ehre ist dein! – Merks fein, trauter Leser, dieß ist schon der zweyte Preis, den *Herder* in Berlin erhielt. Aber das ist auch der Mann darnach.

## *Schreiben eines Reisenden.*

Es sind schon etliche Jahre, mein Freund, daß ich Europa bereise, und da vorzüglich die Werkstätte der Künstler, den regsamen Fleiß und die Erfindungen des Landmanns, die Einrichtung der Fabriken und Manufacturen, den Riß großer Gebäude auf der Erden und unterm Wasser, und alles, was dem Verstande des Menschen zur Ehre gereicht, sorgfältig studire. Sie können sich also wohl vorstellen, daß ich mich besonders wunderte, als ich im Kloster *Königsbronn*

Gegenstände antraf, die der Aufmerksamkeit eines Reisenden so würdig sind. Wer sollte sich träumen lassen, hier einen Wasserbau von Eisen anzutreffen, 138. Schuh in der Länge und 38 in der Breite, alles mit Schraufen so sorgfältig zusammengetrieben, daß nicht ein Tropfen Wasser verlohren geht. Die ober- und unterschlechtige Räder sind alle von Eisen, die durch die Hälfte Wasser, das sonst die hölzernen Räder brauchen, in Bewegung gesetzt werden können. Welche Dauer! welcher Nutzen! In 100. Jahren hat man noch das halbe Kapital, da hingegen die Holzgebäude im Wasser längstens in 20. Jahren verfault sind. Der Erfinder und Unternehmer dieses originellen Baues ist Herr *Blezinger*, ein Mann voll Erfindungsgeist und Kunstfleiß, dem die Akademien in *London* und *Stokholm* schon längst Prämien ertheilt hätten, wenn er ihr Landsmann wäre. Er machte den Brenzfluß schiffbar; den Leinfluß floßbar; legte einen Triebsee zwischen zwey Bergen an, wo das Holz aus allen benachbarten Bergen und Thälern herbeygeflößt werden kann; entdeckte Erzgruben, wo das Erz die Güte des Königsbronner Eisens um die Hälfte verbessert; er ließ einen Blechhammer bauen, wo jetzt das beste Blech gemacht wird; da man sonsten mit schweren Kosten das Bley aus Sachsen beschreiben mußte; er läßt für die Bierbräuer Maischkasten und Grand von Eisen giessen, die bekanntlich sonsten nur von Holz waren, und verbreitet weit um ihn herum die reichsten Früchte der unermüdetesten Gewerbsamkeit und des thätigsten Kunstfleisses. Männer, wie dieser, verdienen weit mehr, als alle Spekulatoren, und weit mehr als so viele goldne Müßiggänger in den Annalen ihres Vaterlandes zu glänzen, und mit Ehre und Beyfall von ihren Mitbürgern belohnt zu werden.

50. Stück, 22. Juni 1775

## *Von Gaßnern.*

Ueber diesen Artikel bin ich fest entschlossen, nichts mehr zu schreiben, – nicht, weil ich den Mann und seine Teufel scheute, sondern weil ich gewisse Personen schonen muß, denen ich Ehrfurcht und selbst – Dankbarkeit schuldig bin. Indessen muß ich's doch meinen Lesern sagen, daß der Ruf dieses Mannes auf den Flügeln der Fama schon den grösten Theil von Europa durchdrungen, und, was das bitterste ist, daß wir von den Ausländern auf das empfindlichste verspottet werden, weil *Gaßner* Anhänger zu tausenden zählt. Eine englische Zeitung erzählte jüngst die Gaßnerische Geschichte, und schloß sie mit dem beleidigenden Ausdrucke: dieß kann auch nirgends, als in Schwaben geschehen, denn man weiß, daß diese Provinz unter allen deutschen Provinzen die unaufgeklärteste ist.

*) Nicht wahr ist dieß! Im Würtembergischen, Durlachischen, in Augspurg, Ulm, Nördlingen – selbst in einigen Schwäbischen Klöstern giebts Leute von Einsicht und Geschmack, so gut, als in Leipzig und Berlin, wo eben auch nicht alles aufgeklärt ist. Sollte Baiern, Salzburg, Tirol – aufgeklärter seyn, als Schwaben? – Da hat der Engelländer wieder was geschrieben, das er nicht versteht. Wer weiß, ob *Gaßner* in *Schottland* und *Irrland* nicht sein Glück machen würde! –

Hier ist eine wörtliche Uebersetzung von dem Urtheile eines Italieners von Gaßnern. Es steht im 46. Stücke der schon genannten Notizie del mondo.

»Der wunderbare Priester Gaßner ist endlich aus Schwaben gereißt, in welchem Lande die Blinden noch immer einen Führer, die Lahmen eine Krücke brauchen, die Tauben nicht hören, und die Stummen nicht sprechen können. Jetzt geht er nach Regensburg, um dort seine Geschicklichkeit sehen zu lassen. Die Blindheit und Leichtglaubigkeit – nicht nur des Pöbels, sondern auch der, durch ihren Rang und Vermögen hervorstechenden

Personen, ist unglaublich. Man sollte diesem Priester und allen seines gleichen solche verführerische heilige Gauckeleyen verbieten: denn dieß läuft zuletzt dahinaus, daß die Beutel der betrognen Armen vollends gestäubt werden. Der Einfall eines klugen Fürsten steht hier am rechten Ort. Einen Exjesuiten, der für einen Mann von Verstand und vielen Kenntnissen gehalten wurde, trieb auch die Neugierde, den Schwäbischen Apostel zu sehen. Er sah ihn, und wurde schwärmerisch von ihm, wie es viele brave Leute von den Convulsionärs in Paris wurden. *Des Gaßners Kunst,* sagte der Prinz, *ist gewiß ausserordentlich, der Pater hatte Verstand, und nun kömmt er als ein Narr zurück.*«

71. Stück, 4. September 1775

## *Aus dem Lande der Freyheit.*

Die Freyheit scheint so gut auf der Wanderschaft zu seyn, als Religion und Wissenschaft. Sie schlägt bald da, bald dort ihren Thron auf, bleibt aber nirgends lange, weil das arme Geschöpf, der Mensch, eine *gegenwärtige Gottheit* nicht ertragen kann.

*) Warum hat die Freyheit noch unter keinem Volke der Welt, auch unter denen Völkern, die alles zu personifiziren pflegten, einen Tempel gehabt?

Es scheint, das Klima der Freyheit müße weder zu heiß, noch zu kalt seyn; denn die Göttinn hat noch nie den Orient, und höchst selten den Norden besucht. Jetzt hat sie unsere Hemisphäre beynahe gänzlich verlassen, und zeigt sich den Bewohnern der andern Halbkugel. Ihr glücklichen Antipoden, kämpft noch eine kurze Zeit den Kampf der Ehre, zeugt *Curiusse, Brutusse, Regulusse, Catone,* dann wälzt euch vor Freuden unterm Baum der heiligen Freyheit. Ein unbekannter Freund schickte mir neulich so wahre und

gedachte Reflexionen über die Amerikanischen Kolonisten, daß ich meinen Lesern draus Fragmente mittheilen muß:
Freyheit, Freyheit stählte die Knochen unsrer Ur-Ur-GroßEltern, schlug *Winfelds Schlacht*, und thürmte von niedergewürgten Römern Knochenberge auf. –
Ach sie hat uns verlassen, die Tochter des Himmels, ihre wenigen Anbeter keuchen, wie schwindsüchtige Gerippe, in den Eichenhainen, und der Schatten unsrer Väter blickt zornig aus der Mondwolke auf uns ausgeartete Enkel herab.
Wir nennen die Amerikaner, dieß Volk, das unter der Fahne der Freyheit ficht, – *Rebellen.* O der Schmach! o der Schande!
Unsern Zeitungsschreibern eckelts vor diesem reichhaltigen, herzerhebenden Stoffe, machen lieber unsern Fürsten kriechende Komplimente, und erzehlen niedrige Schwänke, um das Kaffeehaus oder die Bierbänke zu belustigen.
Ja wir spotten der heiligen Freyheit, und mit Ketten und Fußeisen wird sie ihre Schmach rächen.
Man vergleicht den Bürgerkrieg in Amerika mit dem Böhmischen Baurenaufstand. Eine niedrige, schiefe Parallele! Hier ist meine Meynung, die sich auf eine genaue Kenntniß der Länder und der Streitursachen gründet.
Wer sind die streitenden Personen?
Hier, der König, seine Minister und ein Theil des Parlaments, der aus tausend Gründen dem Hof ergeben seyn muß.
Dort die grösten Amerikanischen Provinzen, worunter sich sogar das friedfertige Volk der Quäker befindet; die Britten, die Irrländer und alle Patrioten, der große *Chatam*; die vortreflichen Staatsmänner *Camden*, *Temple* und *Rokingham*, an ihrer Spitze, die lieber den Haß des Hofs tragen, als seine despotische Maaßregeln gutheissen wollen.
Die Engländer sind freyer, als es jemals Republikaner gewesen sind, sagt *Montesquieu*, der Fürstenlehrer.
Diese Freyheit gründet sich nicht auf den Gehorsam einzelner Personen, sondern bloß der Gesetze, davon ein Theil zu den Grundgesetzen des Staats gehört, die das Parlament

selbst nicht berühren darf, ob gleich andere Gesetze aufgehoben, und mit neuen vermehrt werden können, da die Parlamenter Repräsentanten des Volks sind, und von denselben erwählt werden.
Dieses Wahlrecht haben nicht allein kleine Städte und Flecken in England, sondern auch die armen Bewohner der Dörfer, welche die Repräsentanten der Grafschaften erwählen helfen.
In Amerika haben es nicht einmal die großen Provinzen, die doch ihre Einwohner zu hundert tausenden zählen.
Sie sind daher der bloßen Willkühr des Parlaments unterworfen, und haben in demselben nicht einen einzigen pflichtmäßigen Fürsprecher, den sich jeder Englische Bauer, der 2. Pfund Sterling von seinen liegenden Gründen hat, erwählen kann. Wenn dahero ein Engländer sich in Amerika niederläßt; so kann weder Reichthum noch Geburt ihm das Vorrecht geben, das in England der arme Landmann hat. Er muß sich also, wenn's dem Ministerium gefällt, wie der Einwohner einer eroberten Provinz, behandeln lassen.
Verdienen dieß wohl die Amerikaner? Sie, die im letztern Kriege freywillig ihre äußersten Kräften anwandten, die Macht Englands in ihrem Welttheile auszubreiten? Sie, deren Handlung das britische Reich zum Gipfel seines Ansehens erhob? Ist's Wunder, wenn ein so niedriges Betragen den Amerikaner in Flammen setzte?
Die Einführung des Thees war nur die Gelegenheit zur Fehde, und nicht die einzige Ursache derselben.
Und wie betragen sich dann die sogenannte Rebellen? Ein Dummkopf beurtheilt ein ganzes Volk nach den Ausschweifungen des Pöbels.
Man hält Kongresse; aber keine Polnische Reichstäge. Der Gegenstand ihrer Berathschlagungen ist nichts anders, als den häuffigen Klagen der Nation abzuhelfen, und dem Strome des Despotismus einen Damm entgegen zu setzen. Die ganze ehrwürdige Versammlung ruft: Widerstand! der ehrliche Quäker nickt Beyfall, die Priester aller Sekten rufen Amen, und die Greise werfen ihre Stäbe weg, und

greifen nach dem Gewehr. Die ersten Männer der Provinz verlassen Weib, Kinder, Freunde, Heerd und Saatfelder, und eilen ins Feld hin, wo Gott steht, und die zörnende Thräne der Freygebohrnen rächt.
Sie halten sich bloß Vertheidigungsweise; Klugheit und Standhaftigkeit belebt ihre Maaßregeln, und selbst im blutigen Kampfe vergessen sie's nie, daß sie – Menschen sind.
Kann man solche Leute wohl Rebellen nennen? O England, England, glaubst du an Geistesgröße über alle Nationen hinaus zu ragen, und deine Geschichte träuft vom Blute der barbarischen Herrsucht?
*Heinrich VIII.* und seine Tochter *Maria* weideten sich an Blutgerüsten und Scheiterhaufen. Dem Menschenfreunde erstarrt 's Blut, wenn er in London über *Smithfields* geht, wo die abscheulichsten Schauspiele gespielt wurden. Wenn der Britte nun die damaligen Zeiten mit seinem jetzigen glücklichen Zustande vergleicht, wenn er überzeugt ist, daß die bürgerlichen und Religionsfreyheiten mit der Handlung, und folglich auch mit der Macht Englands unzertrennlich verbunden sind; ist's wohl zu verwundern, wenn seine Liebe zur Freyheit schwärmerisch wird? Daher entsteht die unmäßige Freude der Engländer über die geringsten Vortheile der Amerikaner, die Subscriptionen zu ihrer Unterstützung, und der laute Beyfall, den sie ihren Unternehmungen zujauchzen. Die aufs höchste getriebene Eifersucht über die Freyheit ist ein Fels im Meer, an dem die Anschläge des kühnsten Ministers wie Woogen abprallen. Oft entstehen draus bey dem Pöbel Ausschweifungen, die der Ausländer mit Recht Unbändigkeit und Raserey nennt. Allein, wie kann ein Volk, das die Freyheit als sein höchstes Gut ansieht, die Mittelstraße wählen? Tritt doch oft in diesem Falle der Weise selbst aus dem Gleise.
Der Unnahme *Rebell* paßt also, nach seiner philosophischen Etymologie, gar nicht auf das großmüthige Amerikanische Volk, und uns Deutschen ist's Schande, wenn wir unsre Urtheile über die wichtigsten Angelegenheiten der Menschheit, bloß von der Englischen Hofzeitung abziehen. Der

Erfolg wird zeigen, in welchem Werthe bey den Britten – Bürgerblut, unermeßliche Schätze, und selbst die Ehre der Krone seyn. Der glücklichste Erfolg wird England eine weit ofne heiß blutende Wunde schlagen. Und ohne ein Wunderwerk ist nicht einmal ein glücklicher Erfolg zu erwarten. Die Krone wird einen nachtheiligen Vergleich eingehen müssen, und noch Gott danken, wenn's beym Vergleich bleibt. Wie aber, wenn sich die Kolonien gänzlich von England losreissen? – Ha, welch ein unabsehbares Unglück wäre das für England! Die Ostindische Kompagnie befindet sich seit einigen Jahren in kritischen Umständen; sollte die Handlung nach Amerika ewig aufhören; so kann nichts ihren Umsturz aufhalten, und die Bank ist zu Grunde gerichtet. Wovon würden alsdann die 143. Millionen Pfund Sterling *Nationalschulden* bezahlt werden, da nach den besten Kalkuln das cirkulirende baare Geld in England nur 18. Millionen Pfund Sterling beträgt? Dieser mächtigen Insul würden alsdann nichts als ihre natürlichen Produkte, Zinn und Steinkohlen, übrig bleiben. Welchen Einfluß dieß erschreckliche Unglück auf alle Handelstädte in Deutschland haben würde, kann man sich leicht vorstellen. Es gehört nur Kenntniß der Länder, und kein prophetischer Geist dazu, um diese Unglücksfälle zu weissagen, die ein Streit verursachen könnte, den man für viel unbedeutender hält, als die Erzählungen von Mordgeschichten und Teufelsprozessen.

Die Nachrichten aus *Amerika* lauten für die Engländer noch immer sehr ungünstig. *Putnam*, der in der großen Preußischen Schule das Kriegshandwerk lernte, vernichtet alle Anschläge der Engländer, und der Geist der Nation nimmt täglich einen feurigern Schwung. Es soll auch unter ihnen bereits ein *Tyrtaus* oder *Gleim* aufgestanden seyn, der durch kriegerische Gesänge die Glut der Freyheit zum hellen hochauflodernden Feuer anfacht. *Fabius-Gage* ist den Engländern zu schläfrig; ein *Cäsar* – der General *Amherst* soll mit den tapfern Freyheitsstreitern anbinden.

74. Stück, 14. September 1775

## *An den Erlanger.*

Hast recht, herzgeliebter Bruder im Merkur, Rücksicht aufs *Hochansehnliche Publikum* verleitet uns oft, etwas wider besser Wissen und Gewissen in Tag 'neinzuschreiben. Warum loben wir Jahr aus, Jahr ein, die Großen der Welt in einem so unsinnigen Parenthyrsus, als wanns lauter Engel wären? – Heiliger Nepomuk,

*Ums Hochansehnlichen Publikums willen, worunter die meisten Korporalstöcke führen.*

Schreib, was du *must*, und denk, was du *willst*; ist ein Hauptgebott im Novellistenkatechismus. – Oft *lob* ich, und möchte *schimpfen*; lach oft, und möchte *greinen*; schrey oft meinen Gaul von Chronos Karren an: hist! und möcht sagen: hott! – Aber, *Hochansehnliches Publikum*

Sah *Dero Zahn*, wenn ich es sagen darf,
Und *Dero Zahn* ist ziemlich scharf.

75. Stück, 18. September 1775

## *Aus einer Morgenländischen Zeitung.*

In *Konstantinopel* kömmt jezt eine Zeitung heraus, die in einem sehr sonderbaren Ton abgefaßt ist. Da ich vollkommen türkisch verstehe: so will ich meinen Lesern einige Artikel draus übersetzen:

Seine Sultanische Hoheit sind seit einigen Tagen in tiefer Traur. Sie haben ihren besten arabischen Hengst durch einen frühzeitigen Tod verlohren. Das war ein Hengst! hochhalsicht, goldmähnicht, stolz, dünn von Schenkeln, d'ran sich die Adern und Muskeln wie ein vom Westwind gekräuselter See bewegten. Breit war seine Kruppe, klein sein Kopf, und ein paar Augen funkelten drinn, wie

Kastor und Pollux. Der Sultan ließ diesen Gaul prächtig begraben. Die Stallknechte giengen hinter seiner Tragbaare her, und klatschten ihn mit großen Kourierpeitschen ins Grab.
An den Ufern des Meers starb gestern in einer armseeligen Fischerhütte der große weise *Hemir*. Er erstickte an einem harten Zwieback, den sein ausgetrockneter Hals nicht mehr hinunterbringen konnte. Seine Sultanische Hoheit haben in Gnaden geruht, den Leichnam des weisen *Hemirs* ins Meer werfen zu lassen.
Der *König* in *Persien* läßt sich das Wohl seiner Unterthanen ausserordentlich angelegen seyn. Ein Franzos, der sich seit einigen Jahren in *Ispahan* aufhält, lehrte ihn das Filetstricken. Ganz Ispahan staunt über das große Genie des Schachs, der es in kurzer Zeit so weit brachte, daß er seiner liebsten Beyschläferinn ein Halstuch stricken konnte. Man behauptet, daß dieser weise Monarch die große Summe, welche sonst unnöthiger Weise für die Armen, Wittwen, Waisen, Unterstützung verfallner Handelshäuser, Belohnung der Gelehrten, und Anbauung des Landes bestimmt war, zur Errichtung eines prächtigen Hauses für Gaukler und Taschenspieler verwenden werde.
Von *Deli* geht die Nachricht ein, daß sich der große Mogul die Aufnahme der Handlung äusserst angelegen seyn lasse. Er hat deßwegen die weise Verordnung gemacht, daß alle Waaren, die ins Land gehen, einen kleinen Zoll etwan 50. vom 100. errichten. Den innländischen Manufakturisten und Kaufleuten aber ist es bey schwerer Strafe verboten, ihre Produkte ans Ausland zu verhandeln. Dadurch haben die Kaufleute den ausserordentlichen Vortheil, daß sie ihre Waaren selbst behalten dürfen.
Der *Kaiser* in *China* dringt mit edlem Muthe auf die Verbesserung der Sitten in seinen Staaten. Er hat deßwegen die Priapeia, den Don Bouger, Therese Philosophe, das Mädgen von Orleans, den Idris und die Gedichte in Grakourts Geschmack durch einen Mißionar ins Chinesische übersetzen lassen. Auch sind aus Kaiserlicher Milde den Makrons und

Makrellen in Peking sehr ansehnliche Privilegien ertheilt worden.
Die Fürstinn zu Elim ist durch den Todesfall ihres Schooßhündchens in große Traur versetzt worden. Sie hat aus herzlicher Betrübniß ihren ältesten Kammerdiener, der ihm die Suppe zu heiß gab, mutternackt fortgejagt. Welch eine große, empfindsame Seele müssen nicht Ihr Durchlaucht haben!
Der Zeitungsschreiber in Konstantinopel thut sehr dick auf die Thaten der orientalischen Fürsten.

77. Stück, 25. September 1775

Herr *Klinger*, der sich in seinem *Otto* und *Leidenden Weibe* als ein vortreflicher Kopf gezeigt hat, arbeitet an einem Schauspiele, *Pyrrhus* betitelt, voll großer heroischer Gesinnungen. Auch wird nächstens von ihm *Donna Viola*, ein *Schauspiel vor Liebende*, herauskommen. Der Akermännischen Gesellschaft in Hamburg hat er kürzlich ein Lustspiel, die *Zwillinge* benamst, überlassen. Freuen muß sich der Patriot, daß die deutsche dramatische Muse, die, wie Kain, unstät und flüchtig herum irren muß, von so jungen rüstigen Jünglingen, wie *Göthe, Klinger, Lenz, Leisewiz* und *Unzer* sind, mit Werken unterstützt wird, denen die neuern Ausländer nichts entgegen setzen können. Ich will nächstens den neuen deutschen dramatischen Vorrath näher beleuchten.

*Klinger:* Friedrich Maximilian K. (1752–1831); sein Drama *Sturm und Drang* (1776) gab der literarischen Bewegung den Namen. Die hier von Schubart genannten Werke sind teilweise nicht vollendet worden.

Der *Wandsbecker Musen-Allmanach*, der unter Herrn *Voßens* Aufsicht herauskommt, wird nun nächstens roh oder gebunden zu haben seyn. Da unsre besten Köpfe dran gearbeitet haben; so kann man besonders dießmal viele Liebhaber erwarten. Die Subscribenten oder Käufer können sich an Herrn M. Miller in Ulm, der bekanntlich selber ein Mitarbeiter ist, wenden, oder an Herrn Wohler, oder an Herrn Stage, oder an mich, wie's beliebt!

79. Stück, 2. Oktober 1775

## *Nachricht.*

Welcher Magister hat Lust Schulmann in – zu werden? – Er muß gut Latein, Griechisch und Hebräisch verstehen; auch etwas Französisch und Italienisch. Im Christenthum, Rechnen, Schreiben, Zeichnen, Historie, Geographie, Feldmessen muß er Meister seyn. Informiren darf er nicht mehr, als Tags 12. Stunden, darneben kann er sich noch mit Privatstunden was verdienen. Da man den Organisten mit ihm ersparen möchte; so wärs gut, wenn er die Orgel spielen, gut geigen, und den Zinken aufm Thurm blasen könnte. Den Geistlichen aßistirt er zuweilen im Predigen und Catechisiren. Weil er die Leichen hinaussingen muß; so muß er eine sehr gute Stimm haben. Seine Besoldung besteht aus 100. Gulden an Geld, etwas Naturalien, freye Wohnung, 6. Ellen Krautland, freye Eichelnmast und eine Miststätte vor seinem Haus. Den Rang hat er gleich nach dem Burgerstädtmeister, der gegenwärtig ein Gerber ist; ausser dem solls den Buben nicht erlaubt seyn, ihn mit Erbsen zu schießen.

*Wandsbecker Musen-Allmanach:* von Johann Heinrich Voß (1751–1826) redigierte Fortsetzung des *Göttinger Musenalmanachs*, des Organs des Hains.
*Miller:* Johann Martin M. (1750–1814), Mitglied des Hains, Freund Schubarts.

Es wäre dem Magistrat sehr lieb, wenn der Kandidat ledig wäre. Der Vorfahr im Amt hat eine sehr häusliche und gottsfürchtige Wittwe hinterlassen. Sie ist zwar schon eine Funfzgerin; kann aber doch noch lang leben, weil sie die körperlichen Unreinigkeiten durch Fontanelle ausführt.

93. Stück, 20. November 1775

## *Der Vater seines Volks.*

Die Fürsten lassen sich so gerne mit dem großen, feierlichen Gruß begrüßen: *Vater deines Volks!* – 's ist in der That ein schöner, herziger Name, wenn ihn nur der Fürst in seiner vollen Bedeutung verdient. Wenn *Joseph*, der menschlichste Kaiser, die Erlassung der Schuldensteuer von Seiner erhabenen Mutter als ein Geschenk erbittet; wenn *Friedrich* dem Schlesischen Adel mit Millionen aufhilft, und auf seine Kosten neue Dörfer in Wüsteneyen hinsät: dann verdienen sie den ehrwürdigen Titel: *Väter des Volks.* – Was halten aber meine Leser von nachstehender Anekdote? – Die Unterthanen des Fürsten von Anhalt-Dessau sollten im letzten deutschen Kriege eine starke Contribution an Preußen bezahlen – Das wird ihnen weh thun! dachte der edelmüthigste Fürst. Verkaufte sein Silberzeug, Juwelen und andre Kostbarkeiten, und zahlte die Summe selbst, und da er die Noth seiner Unterthanen erkannte, verließ er sein Land, und reiste einige Jahre als bloßer Cavalier, in der Absicht, seinem Volk die Abgaben zu ersparen, und Schulden, die er nicht gemacht hatte, abzutragen. Er war neulich zu *Bath*, und wohnte daselbst in einem sehr geringen Hause, äußerst eingeschränkt, und ist nun nach einer vieljährigen Abwesenheit auf dem Heimwege in seine Staaten begriffen. – Geht ihm entgegen, ihr Jünglinge und Jungfrauen, kriecht an euren Stäben, ihr Greise, wenn ihr nicht gehen könnt! Freue dich Mann an der Seite deines Weibes! Schaut empor, ihr

Kinder, in das Engelantlitz eures Fürsten. Euer Genius schauet vom Himmel herab, und hört's, und weint Thränen der Wonne, wenn ihr ihn (ach! er verdients!) *Vater des Volks* nennt! –

100. Stück, 14. Dezember 1775

## *Beyspiel deutscher Großmuth.*

Ein deutscher Edelmann näherte sich jüngst in Venedig dem Pharaotische, wo der Bankier 900. Louisdor vor sich liegen, und einen Sack Geld unter sich stehen hatte. Va Bank! rief der Deutsche, und gewann. Der Bankier strich ihm die 900. Louisdor hin, grief nach seinem Geldsacke unterm Tische, und gab ihn auch dem Deutschen. Nicht so, mein Herr, sprach der Biedermann, ich gewinne bloß das, was aufm Tische lag, mehr hätt' ich ihnen nicht bezahlen können, wenn ich verlohren hätte. – Der erstaunte Welsche nöthigte den Deutschen lang, die ganze Summe anzunehmen; aber vergeblich. So nehmen Sie noch 1000. Louisdor, sagt' endlich der Welsche! Wollen Sie mich durch ihre Großmuth beschämen? – Er nahm sie, und schickte sie nach Deutschland, wo nun diß Geld zur Errichtung einer Armenschule und andrer wohlthätigen Anstalten verwendet wird. – Vergelts Gott dem braven deutschen Edelmanne! –

101. Stück, 18. Dezember 1775

## *Rom.*

*Leßing* macht uns jezt sehr viel Ehre. Er kennt die Kostbarkeit jeden Augenblicks, den er in Rom zubringt, und benutzt ihn mit mehr als Winkelmannischer Gewissenhaf-

*Leßing:* Lessing reiste 1775/76 als Begleiter des Prinzen Leopold von Braunschweig nach Italien.

tigkeit. Er hat sich schon einen Schatz von Materialien gesammelt, aus denen der vortrefliche Baumeister ein herrliches Gebäude errichten wird. Der Pabst, der sehr gut deutsch spricht, hat die besten deutschen Schriftsteller in seiner Privatbibliothek. Neulich ließ er den großen deutschen Gelehrten zu sich kommen, und ersuchte ihn um einige seiner Schriften, die ihm noch abgiengen. Durch sein Ansehen hat es *Leßing* dahin gebracht, daß das Nachgraben in der Tyber, welches seit einiger Zeit eingestellt war, wieder aufs Neue vor sich geht. Mit dem tiefen Forschgeiste, der Leßingen eigen ist, durchwühlt er jezt die Schätze des Vatikans; auch die Heidelbergische Bibliothek, die leider! durch undeutsche Sorglosigkeit unsrer Vorfahren nach *Rom* kam, steht ihm offen, und er soll da bereits ganz besondere Aufschlüsse der verworrensten Begebenheiten in der alten und mittlern deutschen Geschichte gefunden haben. Wie vieles läßt sich von einem Manne erwarten, der beynahe den Kreis des menschlichen Wissens ausmaß!

102. Stück, 21. Dezember 1775

## *Anekdote vom Weissagen.*

Der Bauer bringt mich auf eine andre Geschichte, die sich ebenfalls im Brandenburgischen zugetragen haben soll. D'Argens sagte zum Könige, er wüßte einen Geistlichen, der weissagen könnte. Möcht ihn sehen, sagte der König, und befahl, daß, so bald der Prophet kommen würde, ein zum Galgen verdammter Soldat vor seinem Zimmer Schildwacht stehen sollte. Der Geistliche kam. Er kann weissagen, sagte der König; nun so sag' er mir, wie lang die Schildwacht da noch leben wird. Der Geistliche studirte die Physiognomie des Soldaten, und sagte endlich: der Kerl wird in einem hohen Alter sterben. – Lautlachend erwiederte der König; weiß er, Herr Weissager, daß ich diesen Kerl morgen henken lasse? – Der Pfarrer blieb bey seinem Worte. Anbrach der Tag der Hinrichtung; schon stand der Unglückliche am Pfahl des Todes; eine Karosse rollte vorbey – die Herzoginn von Braunschweig und Prinzeßinn Amalia wollten ihren Königl. Bruder mit einem Besuch überraschen. – Halt, was giebts hier? – Eine Execution, ihr Hoheit! – Was hat der Kerl gethan? – 'r ist desertirt. – Ein paar Minuten Verzug, bis auf weitern Befehl.

Die Prinzeßinnen kamen nach Potsdam, und wurden von Friedrich mit Bruderfreuden begrüßt. – O, eh wir mehr sprechen, gewähren Sie uns eine Gnade liebster Bruder! Sie können es thun, schwören Sie uns, wollen Sies? – Besiegt von dieser zärtlichen Zudringlichkeit, sagte der König, ich wills! so sprecht! – Wir bitten um das Leben des armen Soldaten, der so eben gehenkt werden soll! – Ist er noch nicht gehenkt, sagte der erstaunte König? – Ein Kurier brachte dem Missethäter das Leben, und der weissagende Priester wurde königlich belohnt. – Sollte die Vorhersehungskraft, die durch die Annäherung einer wichtigen Begebenheit bey empfindlichern Seelen in Bewegung gesetzt wird, gänzlich in uns erloschen seyn? – Wer kennt die Tiefen der Menschenseele?

## *Nachricht.*

Ein paar Worte, Leser, für mich und meinen Verleger!

Ich werd' auch künftiges Jahr, so Gott will, und ich lebe, die Chronik fortsetzen, und, so viel sichs thun läßt, die verschiednen Wünsche verschiedner Leser zu vereinigen suchen. Mein Plan ist der: Uninteressante Dinge *kurz*, und Dinge von Wichtigkeit so weitläuftig zu erzählen, daß sie deutlich und auffallend werden. Um mehrere Bücher anzeigen zu können, werd' ich künftig die neuesten Schriften nur mit einem kurzen Urtheile begleiten, und bey denjenigen Werken allein weitläuftig seyn, von denen ich wünschte, daß sie allgemein unter meinen Landsleuten bekannt seyn möchten. Ich verspreche meinen Lesern alles zu thun, was sie von mir verlangen können. Nur bitt ich um Gottes willen, mir nicht zuzumuthen, lustig zu seyn, wenn ich betrübt bin, und zu lachen, wenn mir die Thränen im Aug stehen. Immer gleiche heitre Laune ist wenigen Sterblichen gegeben. Wenn Wolken auf der Seele liegen; so hat der Witz Mühe durchzublitzen.

Noch einmal und abermal bitt ich meine Leser, mich mit Beyträgen zu beehren. Jede neue Anstalt zur Glückseeligkeit des Menschen, jede Erfindung, jede Tugend im Stillen gethan, jede edle vaterländische That, sey's vom Herrn oder Knecht, wird mir willkommen seyn. Sollen die Ausländer allein das Recht haben, Züge der Wohlthätigkeit, der Menschenhuld, der Großmuth, der Vaterlandsliebe, vor uns auszukramen, und uns trotzig unter die Nase zu sagen: Ihr seyd Bettler?

*Fulda* hat mich gelehrt, daß *teutsch* unsere Nation und *deutsch* so viel als Deutlichkeit anzeige; ich werde also in Zukunft eine *teutsche Chronik* schreiben, und in Gesinnung und Vortrag mich bemühen, *teutsch* und *deutsch* zugleich zu seyn. – Im Namen meines Verlegers bitt' ich die Leser, ihn mit der Zahlung nicht aufzuhalten, damit er noch ferner den Muth behält, guten Druck und gutes Papier zu liefern. 's ist 'n guter Mann, hat so viel Hochachtung fürs Publikum, daß er den Hut mit samt der Perücke 'runter zieht, und sich seinen gnädigen und hochgeneigten Gönnern und Freunden auch aufs künftige Jahr bestens empfiehlt.

Für diejenigen, welche meine Chronik gesammelt haben, wird nächstens Titel und Register ausgegeben werden.

*Schubart.*

*Fulda:* Vgl. 10. Stück von 1775: »Herr Fulda, der tiefe Sprachforscher, giebt nun sein Lexikon in groß Quart in der Gebauerschen Buchhandlung zu Halle heraus.«

1. Stück, 1. Januar 1776

## *Nachlese.*

*Amerika* wird vermuthlich in diesem Jahr ein Schauplatz großer Begebenheiten werden. Die Rüstungen der Engländer und Provinzialen gegeneinander sind gewaltig. Regulusse, Epaminonde, Aristide, Sertoriusse werden dort aufstehen. – Hinstaunen werden wir, und Tausende werden hinwallfarthen, so große Leute in der Nähe zu sehen. – Wir Europäer aber haben jezt wichtigere Dinge vor. Haarfrisuren, Schnupftobaksdosen, Stokknöpfe, Fächer und Berlocken zu erfinden, ist doch wichtiger, als Freyheitsschlachten schlagen. –
Die Teutschen, mehrentheils Pfälzer und Würzburger, sind jezt unter den Kolonisten die *einzige*, die England getreu bleiben. Der Verfasser des brittischen Magazins macht bey dieser Gelegenheit die bittere Anmerkung: daß der Teutsche unter allen Nationen das beste Geschick zu einem Sklaven habe. – Wahr ists, 's Gefühl der Freyheit ist unter uns Teutschen ziemlich erstorben. Aber es ist gewiß: weder Dummheit noch Phlegma, sondern reife Ueberlegung und Ordnungsliebe ists, die uns zur Subordination so geschmeidig macht.
Die *Hessen* und *Braunschweiger* sind bereits aufm Marsch, sich einschiffen zu lassen, um vor Sold und Lohn gedungen, die Kolonisten unterjochen zu helfen. Meines Wissens trieft das Schwerdt der Teutschen noch nicht vom Blute *fremder Welten;* aber jezt –

2. Stück, 4. Januar 1776

## *Vom Bettel.*

Man dringt jezt in den meisten teutschen Provinzen auf die Abstellung des Bettels, und die Schriftsteller befeuren den Eifer der Fürsten mit ihren Schriften, worinnen sie den

Uebelstand und selbst die Schädlichkeit des Bettels mit sehr starken Gründen beweisen. Die Polizeyverständige machen die sehr natürliche Abtheilung des Bettelordens: entweder sinds Leute, die sich von Jugend auf an den schändlichsten Müßiggang gewöhnt haben; oder sinds wirklich Dürftige, Alte, Presthafte, Krüppel, die eine thätige Unterstützung des Staats erheischen. Die erstere Gattung ist sehr zahlreich. Sie befinden sich in ihren Lumpen und bey ihrer gänzlichen Unabhängigkeit von allen Pflichten der Gesellschaft sehr wohl. Wenn man *Mösers* Beschreibung der Bettler in London*) ließt; so möchte man fast selbst ein Bettler werden. Diese schädliche Leute müssen in einem Staate keineswegs geduldet werden. Errichtet Arbeitshäuser, Fabriken, oder gebt dem wollüstigen Müßiggänger die Spade in die Hand, und laßt ihn am Strassenbau arbeiten. Dem Kerl wird der Kützel vergehen; er wird sich nach und nach an Arbeit und Ordnung gewöhnen, und dem Staate nützlich werden. Der arme Alte, dessen Kräfte vertrocknet sind, und der Presthafte, der zu allen Geschäften untüchtig ist, braucht Hülfe, und wehe dem, der's ihm versagt. Wann ich sieche Bettler auf den Strassen keichen sehe, oder wenn mir gar Bettelfuhren begegnen, wo der elende Kranke unter freyer Luft auf hartem Stroh sein Leben wegseufzt; o! dann dreht sich alles in mir 'rum, und ich verwünsche den hartherzigen Staat, der die Menschen trostloß verschmachten läßt. Die barmherzigen Brüder unter den Katholiken sind mir deßwegen ein sehr ehrwürdiger Orden, und ich bin niemals in München, in Cölln, in Maynz und andern Orten vor ihren Lazarethen vorbeygegangen, ohne ihre menschenfreundliche Anstalten, ihre christliche Sorgfalt vor den schmachtenden Kranken mit meinen Thränen zu preisen. Die Errichtung der Findelhäuser, der Spitäler und Siechhäuser sind also Anstalten, die die Menschheit ehren. Wenn's nur nicht da und dort abscheuliche Aufseher

*) Sie steht in seinen *Phantasien*, wovon kürzlich der 2te Theil herausgekommen, die ich meinen Lesern als die unterhaltendste und nützlichste Lektur empfehlen kann.

über diese Wohnungen der öffentlichen Barmherzigkeit gäbe, die den Bissen, der dem schmachtenden Kranken zur Stärkung gehört, heißhungrig mit gesundem und gemästetem Leibe verschlingen. Fluch! – Br! Mir schaudert das Herz.

In den Kaiserlichen, Preußischen, Hannöverischen, Pfälzischen, Bayerischen und andern teutschen Staaten sind im vorigen Jahr sehr weise Verfügungen in diesem Punkte getroffen worden. Der Starke und Gesunde wird zur Arbeit angehalten, und der unmächtige Kranke in Spitälern und Siechhäusern versorgt. Daher giebts in diesen Staaten der Landstreicher immer weniger, und in den Arbeitshäusern, beym Damm und Strassenbau vermehren sich die Arbeiter, die Peitsche und Stock vom Müßiggang entwöhnt. Bey all dieser weisen Sorge der Großen wird doch des Bettelns niemals ein Ende werden. Sind wir doch alle Bettler vor Gott, und Bettler untereinander. Offt bettelt der Höhere bey dem Niedrigen, und die Unterthanen bey ihrem Fürsten. Der Soldat nennt seinen Bettelbrief Kontribution, der Zahnarzt Patent, der Handwerkspursch Paß, und der Skribent nach der Sanduhr Merkur, alter Deutscher, Korrespondent, Postreuter oder Chronik. Der Virtuose bettelt mit seinem Instrument und einigen armseeligen Koncerten durch die Welt. Unsre Hochzeiten, Kindstaufen und Leichen sind Betteleyen. Wir betteln mit Neujahrwünschen, Panegyren, Päanen, Moteten, Zinken und Posaunen, heiligen Dreykönigsstern und Kühhörnern durch die Welt, und der Nachtwächter verkündet am hellen Tage die Stunde der Mitternacht, und das alles darum – weil wir Bettler sind; arme, arme Bettler, die noch nach dem Tode der Mutter Erde ein Pläzchen abbetteln müssen.

5. Stück, 14. Januar 1776

## *Engelland.*

Die Nachrichten aus Amerika sind meistens so unangenehm vor Engelland, daß die Hofpartey beynahe gänzlich den Muth sinken läßt. Das Glück unterstützt den Muth der Kolonisten; sie verheeren die Küsten, herrschen weit herum im Lande, und sind nun Herren von ganz Kanada, von Kanada, das Engelland mit so vielem Aufwande eroberte. In *Quebek* ist nun alles in der grösten Bestürzung. Der Handel liegt darnieder, dann jeder Kaufmann ist ein Soldat. Die Gesetze des Friedens sind nun ganz in kriegerische Gesetze ausgeartet, alle Einwohner tragen die Waffen; die Kanonen sind auf den Wällen, und alle Zugänge sind besetzt. Man behauptet, daß die Geistlichkeit, welche große Güter in Kanada hat, und sich durch die Bill bey Quebek sehr beleidigt gefunden, diese Unruhen erregt habe. Um Boston siehts gleichfalls einer Zerstöhrung ziemlich ähnlich. Die fruchtbarsten und zur Zierde gestandnen Bäume sind abgehauen, und werden als Brennholz verbraucht. Die Kolonisten führen ihre Familie in das Innere des Landes, und machen die muthigsten Anstalten zum Empfang ihrer Feinde.
Alle diese Nachrichten bringen doch den Hof von seiner gefaßten Entschliessung nicht ab. Es ist beschlossen, alles anzuwenden, um künftiges Jahr die Kolonisten zu demüthigen, – und deßhalb 60000. Mann ausländischer Truppen in Sold zu nehmen, worunter 12000. Russen seyn sollen. Wenn Engelland unter diesen Umständen von einer ausländischen Macht angegriffen werden sollte; so würde es äußerst gefährlich mit ihm stehen. Sehr schön ists, was neulich der freymüthige Wilkes in Lord Norths Gegenwart sagte:
»Ihr habt zwar Flotten und Armeen bewilligt, welche freylich auf dem Papier eine prächtige Figur machen; allein diese sind dennoch nicht hinreichend, Amerika mit Gewalt zu unterjochen. Der Generalkongreß liegt nicht, wie wir, unter der ungeheuren Schuldenlast von 140. Millionen. Er

hat keine heishungerige Schaar Pensionisten und Kreaturen zu sättigen. Einen jeden Schilling, den er vom Lande hebt, wird auch zu dieses Besten verwendet. Amerika ist gleich einem Jüngling, der zu vollen Jahren gelangt ist, dessen Güter ansehnlich und mit keinen Schulden behaftet sind. Wir hingegen gleichen einem siechen Wollüstling, dessen Kräfte durch Schwelgerey erschöpft, der auf Kredit lebt, und mehr schuldig ist, als er bezahlen kann.«

Kurz, aller Vermuthung nach wird dieß Jahr Amerika der Postklepper seyn, auf dem die Novellisten am meisten reiten werden.

## *Der wahre Priester.*

Würdige Priester verdienen als Beyspiele aufgestellt werden, zu einer Zeit, wo man Alles aufhäuft, ihren verehrungswürdigen Stand verächtlich zu machen. Einer der ersten Geistlichen in B*** speißte neulich bey einem Prinzen vom Hause. Die Frau eines Taglöhners drang durch die Wache, und ließ den Prediger 'rausrufen. Euer Begehren? fragte der Prediger. – O mein Mann, ihr Hochwürden, fleht sie noch im Tode um ihren Zuspruch an. Der Prediger fuhr sogleich in die Hütte des Kranken, und erquickte ihn mit seinem Troste. Zwey Kinder in Lumpen gehüllt, zerfloßen vor dem Bette ihres sterbenden Vaters fast in Thränen. Ihr könnt mir was vermachen, sagte der Prediger zum Sterbenden. Und was dann? – Eure Kinder. Ich werde vor sie, als ihr Vater sorgen, und auch euer Weib nicht verlassen. – Noch einmal flammte 's Leben im Sterbenden empor. – Gott vergelts ihnen! sie sind ein Engel, rief er – und starb. Der Prediger nahm sogleich die Kinder in seiner Kutsche nach Haus, und sorgt seitdeme vor sie, wie vor seine eigene Kinder. Der Wittwe aber giebt er ein hinreichendes wöchentliches Gehalt. – Mit Freuden mach' ich solche Geschichten bekannt, die vor die Menschheit so ehrenvoll sind.

6. Stück, 18. Januar 1776

## *Der Savoyard.*

Trallyrum Larum höre mich,
Trallyrum Larum Leyer!

werden sie sehen, wie Monsieur Farian in Unmacht fällt, und von der Flöte kurirt wird.

Werden sie sehen fremde Vögel im Würtembergerland, viel, viel, mit die große Schnabel. Bedeut sie groß groß Krieg! Trallyrum larum! Werden sie sehen eine schwarz Mohr, ist sie vornen ein Mannsbild und hinten ein Weibsbild, parlirt sie zugleich grob und zart, ist sie eine Allegorie auf die 18te Säkulum.

Könnt sie nach Baurdeaux gehen,
Und das Wunderding besehen!

Werden sie sehen ein Mann in Paris, der sie die Hust hat, und sik will Luft mak, und sik tod schieß, und wie sie ist gar grausamlik Narr.

Werd sie sehen das große Wunder von die Notarius Laideguive, wie sie ist ein ehrlik Mann, und doch nit verhunger. Hat sie 5. Million hinterlaß, und groß groß Bibliothek. Wo hat sie dann das Geld her?

Werd sie sehen viel Narr, groß und klein, mit Parük und ohne Parük, und groß Confusion, und allerley Maskerad und – – Pardon, meine Herr, ist sie's Licht ausgelöscht? werd's 'n andermal besser mak?

Trallyrum Larum höre mich,
Trallyrum Larum Leyer!

*Resultat.* Das ganze Verhör beweist, daß die Welt noch immer das buntscheckichte Gemäld ist, wie ehemals; daß Krieg und Frieden auf der politischen Waage noch gleich wägen, und daß überhaupt in der Welt noch immer der

*Savoyard:* Bewohner des bis 1796 zum Heiligen Römischen Reich gehörenden Fürstentums Savoyen waren im 18. Jh. vielfach als Schausteller außerhalb ihrer Heimat bekannt.

Thorheit mehr sey, als der Klugheit. Aber, sagt Vater Horaz:

Dulce est, desipere in loco.

10. Stück, 1. Februar 1776

## *Fürs Herz.*

'S gieng ein Handwerkspürschlein in der grimmigsten Kälte mit seinem Bündelein über die Haide. Seine Kleiderchen waren dünne, und seine Strümpfe zerrissen. Ach, da frors ihn sehr; er weinte, und die hellen Zähren gefroren ihm an die Augwimpern. Lieber Gott! seufzt er, weit und breit kein Dorf und keine Stadt und keine Kohlhütte! ich werde verfrieren, ach was wird meine Mutter sagen! – Mein Vater ist gestorben, und nun hat sie Niemand, der ihr's Brod erwirbt! – Er wollte laufen; aber seine Glieder waren starr – er wurde schläfrig, legte sich in Schnee auf sein Bündelein, und entschlief sanft. Ein Postknecht ritt vorbey, und sah ihn starr liegen – Er bemerkte noch einige Lebenszeichen an ihm, ritt schneller, und zeigts unterm Thor der benachbarten Stadt an. – Was hilfts, bis wir 'nauskommen, ist er todt, sagten die Unempfindlichen. Ein Todtengräber war in der Wachtstube, sich zu wärmen; der hörts, und ihm brachs Herz. Ohn ein Wort zu sagen, gieng er auf die Landstraße, trug den erstarrten Handwerkspursch ins nächste Dorf, rieb ihn mit Schnee, – bracht' ihn der Wärm' immer näher, und erweckt' ihn wieder. Drauf nahm er ihn mit in die Stadt, und theilt sein Holz und seinen Tisch (ach! er hat selbst nicht viel) mit dem Handwerkspursche, bis, so sagt er, die Kälte vorüber ist, dann kann er in Gottes Namen wieder weiter reisen. – Mutter, du hast deinen Sohn und dein Brod dem wohlthätigen Todtengräber zu dan-

*Dulce . . . loco:* Horaz, *Oden* 4,12,28: Süß ist Tollen zu seiner Zeit. (Übers. Rudolf Helm.)

ken. – O, meine Mitbürger, vergeßt bey dieser grimmigen Kälte der Armen nicht! Schaut, hinterm Ofen könnt ihr nicht wissen, wie's so weh thut, in Lumpen unter freyem Himmel zu zittern.

12. Stück, 8. Februar 1776

Da die Weibertreue oft seltner ist, als die Hundstreue: so will ich nachstehendes Beyspiel auch in meine Chronik einrücken. Ein schönes Mädchen an der Donau (das könnte wohl, wenns Glück gut wär, in unsrer Gegend seyn,) heirathete vor zwey Jahren einen Mann, dessen Eltern, wie er sagte, in Wienn wohnten, aber in seine Heirath nicht willigen wollten. Oft weinte das gute Weib einsam, daß sie so heimlich leben mußte; der Mann aber gieng zuweilen aus, und brachte nach einigen Tagen Geld zum Unterhalt mit – Der Mann war ein Spitzbube, wurde arretirt, und sollte nun des Todes, den die Gerechtigkeit giebt, sterben. Die Bitten und die Tugend der Frauen aber erflehten ihm Gnade, und er wurde nur auf 5. Jahr zu Festungsarbeit verdammt. Auch dahin ist ihm nun die brave Frau gefolgt, und will durch ihre Gesellschaft und Mitarbeit ihm das Leben leichter, und sein Schicksal leidentlicher machen.

Der Pendant zu diesem Histörchen soll im nächsten Blatt folgen. Heut hab ich Kopfschmerzen.

13. Stück, 12. Februar 1776

## *Nachricht.*

Künftigen Mittwoch und den drauf folgenden Sonntag werd' ich allhier im Baumstark *Koncert* geben, und auf einem ganz neuen von Herrn Schmahl verfertigten *Fortepiano* einige der neusten Klavierkoncerte und Sonaten spie-

*Baumstark:* einer der ersten Gasthöfe Ulms, Schubarts Stammlokal.

len, so gut 's Herz, Kopf und Finger vermögen. Was mich aber am meisten freut, ist, daß ich meinen lieben Zuhörern einen Virtuosen auf meinem Leibinstrument auf'm thonvollen, herzerhebenden *Waldhorn* vorführen kann. 's ist diß der berühmte Herr *Körber* aus der Schule des großen *Ponto*, der sich schon an Kays. Kön. Höfen als Meister gezeigt hat.
Kann also wohl mit gutem Gewissen – Leuten, die *Herz* und *Ohr* haben, ein gutes Koncert versprechen. Für Leute aber, die mit Faulhabers Rechenbuch unterm Arm kommen, und da, wo sie *empfinden* sollen, *grübeln*, ist weder Freund *Körber*, noch ich. 's Koncert beginnt beydemal Abends um halb 6. Uhr.

14. Stück, 15. Februar 1776

## *Engelland.*

Oeffentliche Hinrichtungen, wenn sie zumalen mit besondern Umständen begleitet sind, haben für alle Leser Interesse. Hier ist die traurige Geschichte der Brüder Perreau, die falsche Wechsel gemacht hatten. Sie wurden gehängt. Mehr als 100000. Menschen waren Zuschauer. Unzählliche Personen baten für sie; aber vergebens. Sie waren Zwillinge. Einer war ein sehr berühmter Apotheker, der jährlich bis 2000. Pfund verdiente, und er ließ sich von seinem Bruder bereden, die Wechsel an Mann zu bringen. Der andere, sein Bruder, war ein Mann von Fortun, wie man hier spricht: das ist einer, der kein geseztes Geschäft hat. Er hatte eine Maitresse, die geschickt war, Hände nachzumachen, und sie schrieb oder unterschrieb die Wechsel und Indossements. Die Maitresse, Nahmens Rudd, ist das verschlagenste Weibsbild dieses Jahrhunderts; sie wickelte sich bey der Inquisition heraus, und schob die Schuld auf ihren Liebhaber und dessen vielleicht unschuldigen Bruder. Diese beyden fuhren in einer Trauerkutsche mit 6. Pferden zum Galgen, beyde schwarz gekleidet und die Haare frisirt. Sie thaten sich die Stricke selbst um die Hälse, und nachdem sie die Mützen in die Augen gesetzet, ergriffen sie sich einander in die Hände, legten Kopf an Kopf. Die Karre gieng fort, und sie hiengen, und hielten sich bey 3. Minuten einander die Hände vest. Die Körper wurden hierauf in zwey besondere Leichensärge geleget. Sie waren 42. Jahre alt, und der eine nur 10. Minuten eher gebohren. Der älteste war Daniel, und der jüngste Robert. Ihnen folgten 2. Trauerkutschen, worinnen die Stiefbrüder sassen. Dr. Jakson und Vaughan Esq., saß in der einen, in der andern die Verwandten. Auf diese Art gieng die Leiche nach der St. Martinskirche mit einer erstaunenden Menge Volks. Die Särge wurden an der Kirche aus dem Wagen genommen, und von 8. Leidtragenden getragen, welchen der Pfarrer und andere Leute folgten. Das Gedränge war so groß, daß man nicht in die Kirche kommen konnte. Alles war begierig, die unglücklichen Kinder dieser Väter, die mit zur Leiche giengen, zu sehen. Daniel Perreau hat seine Unschuld noch vorhero als ein Sterbender bezeugt, daß er ein unschuldiges Opfer geworden. Er bat alle, die er beleidiget, um Verzeihung, und ersuchte sie, auch solches gegen ihn zu thun. Er befahl seine Seele in die Hand des Allmächtigen und barmherzigen Gottes, und hofte durch die Vermittlung seines Heilandes Vergebung aller seiner Sünden. Für die Wittwe und seine liebe Kinder gehet eine Subscription herum.

17. Stück, 26. Februar 1776

## *Wien.*

Fast wären wir um unsern Seegen, um unsern Kaiser *Joseph*, gekommen. Im Augarten werden große Bäume gesetzt.

*Kaiser Joseph:* Joseph II. (1741–90), Sohn Maria Theresias und Franz' I., seit 1765 deutscher Kaiser. Als Vertreter des aufgeklärten

*Joseph* sieht der Arbeit zu. Einer der stärksten Bäume fängt an zu fallen. Nur ein Tagwerker nimmts wahr. Voll Schrecken über den vor sich sehenden Tod seines Kaisers stößt er ihn bey Seite; der Baum stürzt, und der Arme, den Gott zu *Josephs* Retter machte, liegt unter ihm zerquetscht.

Da lag der Arme, der sein Retter war
mit fliesendem Hirn und blutigem Haar.
Aus dem zerquetschten Leichnam wallte
die Seel' empor. Ein Hymnus schallte
ihm vom Olympus zu:
Heil dir! dann Josephs Retter bist du!
 Die Engel goßen über ihn
 die Stralen der Verklärung hin,
und sprachen: Sey, es ist des Schicksals Schluß,
Sey künftig Josephs Genius!

Heil dir, Germania! Dein *Joseph* wird leben; dann sein Schild ist Gott und sein Harnisch – die Brust seiner Unterthanen.

22. Stück, 14. März 1776

## *Literarische Neuigkeiten.*

Der *Herzog* von *Sachsen-Weymar* sammelt die vortreflichsten teutschen Köpfe um seinen Fürstenthron her. Der junge Graf *Friederich* von *Stollberg*, diese Feuerseele, dieser Mann voll teutscher Kraft, dieser Dichter, der sich am lyrischen Maas meist ganz hinaufmißt, kommt als Kammerherr mit einem ansehnlichen Gehalt in seine Dienste. *Wieland*, der Vielwisser, ist auch noch da, und *Göthe* ist fast immer als Gesellschafter an der Seite dieses würdigen Fürsten. Und

Absolutismus nächst Friedrich II. von Preußen der von Schubart am meisten verehrte zeitgenössische deutsche Fürst.
*Herzog von Sachsen-Weymar:* Karl August (1757–1828), seit 1758 Herzog von Sachsen-Weimar, bis 1775 unter der Vormundschaft seiner Mutter Anna Amalia, berief im November 1775 Goethe an seinen Hof.

damit die Heiligengruppe voll werde; so hat nun auch der Herzog den vielseitigen, einzigen Mann *Herder* als Konsistorialrath in seine Dienste beruffen.

Der Professor *Hausen* zu Frankfurt an der Oder hielt neulich eine sehr schöne Rede, worinnen er das Andenken des großen Churfürsten *Friederich Wilhelm*, des Stammvaters der preußischen Größe, feyerte. Nun sinds just hundert Jahre, daß dieser unsterbliche Mann, wie Orion am Europäischen Himmel flammte. Er warf sich den Franzosen entgegen, die Holland in einem Ocean ersäuffen wollten, schlug die Schweden und Russen, vermehrte sein Reich, machte sich geehrt und gefürchtet vor aller Welt, starb, und hinterlies den Eichenstamm, dessen Wurzeln jezt so weit umher kriechen, der in tausend Aesten empor strebt, und einen Wipfel bildet, der den gefürchtetsten Schatten wirft –

*Klopstok* wird nun nächstens wieder in Karlsruh erwartet, und, wie verlautet, im bevorstehenden Sommer eine Reise in die Schweiz machen.

Wir Teutsche haben nächstens drey *Dokter Faust* zu erwarten, von *Göthe*, *Leßing*, und Maler *Müller*. Wollen sehen, wen Gott annimmt, und welchen der Teufel holt! –

25. Stück, 25. März 1776

## *Einige politische Texte.*

Engelland höre die Stimme des Sehers Price! Er ist einer der weisesten deines Volks, liebt Gott und sein Vaterland, und hat in der Stunde der Weihe einen deiner grösten Könige, *Georg* den *I.* gesehen; traurend und fürchterlich bleich erschien er ihm, wie der Geist Hamlets. Er schlug die luftigen Arme über sein Haupt zusammen, und jammerte: O Brittannia! Brittannia! du stolzeste unter den Königstöchtern, warum verschwendest du deine Schätze? Opferst deine

Starken dahin? Schwimmst übers Meer, um deine jüngsten und liebsten Kinder zu tödten? – Amerika ist der hellste, glänzendste Stein in deiner Krone; und schau! die Weisheit hat ihn gefaßt, und die Thorheit wird ihn verlieren! Das Meer wird deine Edlen verschlingen, und was übrig bleibt, wird das Schwerd der Freyen fressen! Deine Reichthümer werden wie Bäche im Sande zerrinnen! Dein Kredit wird fallen! Dein Genius wird dich verlassen, und da liegen wirst du auf den Trümmern deiner verfallnen Glückseligkeit, und heulen und wehklagen, daß es an fernen Ufern wiederhallt! –

Dieser Text ist genommen aus den Klagliedern des Doktor Price unter dem Titel: Constitutional Liberty, den man jezt in London unter dem Namen des brittischen Jeremias verehrt.

Im Monat Februar sind in Engelland 52. Bankerote ausgebrochen. Schrekliche Folge des bürgerlichen Kriegs! – Noch schrecklichere kommen! –
Hier ist eine Probe der neusten Menschenschatzung! – Der *Landgraf* von *Hessenkassel* bekommt jährlich 450000 Thaler für seine 12000. tapfere Hessen, die gröstentheils in Amerika ihr Grab finden werden. Der *Herzog* von *Braunschweig* erhält 65000. Thaler für 3964. Mann Fußvolks und 360. Mann leichter Reuterey, wovon ohnfehlbar sehr wenige ihr Vaterland sehen werden. Der *Erbprinz* von *Hessenkassel* giebt ebenfalls ein Regiment Fußvolk ab, um den Preis von 25000. Thaler. 20000. Hannoveraner sind bekanntlich schon nach Amerika bestimmt, und 3000. Meklenburger für 5000. Thaler auch. Nun sagt man, der *Churfürst* von *Bayern* werde ebenfalls 4000. Mann in Englischen Sold geben. Ein fruchtbarer Text zum predigen für Patrioten, denen 's Herz pocht, wenn Mitbürger das Schicksal der Negernsklaven haben, und als Schlachtopfer in fremde Welten verschickt werden. –
Ueber 50000. Mann werden also in Amerika gegen die Provinzialisten kämpfen, die da stehen, und die Hasser ihrer Freyheit muthig erwarten. Sie nennen sich schon

Amerikanische Freystaaten, entwerfen Gesetzbücher, entreissen sich dem Schoos der Weichlichkeit, um für ihre heiligen Rechte zu fechten. –

31. Stück, 15. April 1776

## *Amsterdam.*

Den 30ten März ward hier die *Stella* aufs teutsche Theater gebracht; ich war dabey über die Schauspieler und Zuschauer gleich unzufrieden, denn unter den erstern hat mir, ausser der *Frau Abt* niemand Genüge gethan – Die Zuschauer waren so sinn- und gefühllos dabey, daß es mir recht ärgerlich war. Aller Augen in den Logen und im Parterre waren den Thränen so verschlossen, als der Himmel zur Zeit des Thisbiters dem Regen war; und ich merkte keine Aeusserung des Gefühles, als ein dummes Gelächter beym Schlusse, da beyde Weiber den Fernando umarmen – Ich bedaurte währender Vorstellung Göthen sehr oft; er müßte nicht nur Schauspieler, sondern auch Zuschauer erschaffen, wenn er wollte verstanden werden, so wenig Schnellkraft ist mehr unter den Leuten.

38. Stück, 9. Mai 1776

## *Literatur.*

Thomas Jones konnt kaum größere Freude haben, als er seiner göttlichen Sophia Schreibtafel mit einem Bankozettel

*Stella: Stella. Ein Schauspiel für Liebende;* das Drama von Goethe war am 8. Februar 1776 in Hamburg uraufgeführt und alsbald verboten worden. Es gehört zu den wenigen Werken Goethes, die von Zeitgenossen und Nachwelt gleichermaßen gering geschätzt wurden.
*Thomas Jones:* Titelheld in Henry Fieldings (1707–54) Roman *The History of Tom Jones, a Foundling* (1749), der 1771 in einer anonymen deutschen Übersetzung erschienen war.

von einem Bettler erhandelte, als ich empfand, da mir die fünfte Lieferung der Mannheimischen Schreibtafel zu Gesicht kam. Da schrieb wieder *Maler Müller* mit 'm goldenen Griffel die herrlichsten Stücke in diese Schreibtafel. Nicht leicht hat jemand die Gabe der Darstellung (Darstellungsgabe ist Genie) in so hohem Grade, wie dieser Maler. Als ich seine Pfalzgräfin *Genovefa* las; so thaten die goldnen Pforten der Kindheit sich mir auf, 's war mir, ich säß wie damals in der Sonne, und beträufelte meine Genovefa in ihrer ehrwürdigen altteutschen Tracht mit meinen ersten heißesten Thränen. Welch tiefes Gefühl! Welch' unnachahmliche Herzenssprache ist nicht in diesem Stücke!

48. Stück, 13. Juni 1776

## *Amerika.*

Hab mir zwar vorgenommen, nichts von Amerika zu schreiben, bis die Teutschen dort angelangt wären, und bis ich meinen Lesern sagen könnte, was dort für Thaten geschähen; da aber des Stofs zu viel wird, indem jezt von nichts in der ganzen Welt mehr Redens und Sagens ist, als von Amerika; so will ich herausheben, was ich fürs merkwürdigste halte:

Daß General Washington Boston mit 25000. Mann besetzt halte, ist bekannt. Nun thut er alles, die Stadt sehr fest zu machen, und den Haven gegen alle Angriffe zu sichern. Er ist fest gesonnen, diese wichtige Vestung zu behalten. Dem General Howe hat er 6. Regimenter nachgeschickt, des General Schuylers Heer zu verstärken. Das Lager der Provinzialen in NeuYork ist 20000. Mann stark, und hat 200. Kanonen, auch grobes Geschütz bey sich. In allen Amerikanischen Provinzen stehen die Provinzialen mit gezücktem Schwerdte da, und erwarten ihren Feind. Auch der Kongreß zu Philadelphia hat 7. Regimenter errichtet, und giebt jedem gemeinen Mann täglich 28. kr. unsers Gelds Sold; auch sind alle Kriegsbedürfniße in Menge vorhanden. Zu Philadelphia ist ein Buß- Bett- und Fasttag ausgeschrieben worden; der Eingang davon drückt die Gesinnungen der Provinzialen sehr gut aus.

»Da der Kongreß die kriegerischen Anstalten Engellands, um unsere unschäzbaren Gerechtsame und Vorrechte umzustürzen, und uns durch Feuer und Schwerdt, durch die Wilden aus den Wüsteneyen und durch unsere eigenen Hausgenossen in die verwürflichste Dienstbarkeit zu stürzen, erwäget, und zu gleicher Zeit verlanget, daß alle Stände des Volks durch eine feyerliche Empfindung von der wachenden Vorsicht des Allerhöchsten, und von ihrer Pflicht, in allen ihren gerechten Unternehmungen sich auf seinen Schutz und Beystand demüthig zu verlassen, auf eine anständige Weise durchdrungen seyn; so verfügt derselbe die Zuflucht zu seiner Allmacht, und bittet, sie wolle die Absichten unserer Feinde vereiteln, ihre Herzen zur Gerechtigkeit und Wohlthätigkeit lenken, und die Blutvergießung in Gnaden verhindern. Wenn sie aber der Stimme der Vernunft und Menschlichkeit ferner das Gehör versperren, unbeweglich zum Krieg und zur Verwüstung schlüßig verbleiben, und uns zwingen, ihre feindliche Einfälle durch einen öffentlichen Wiederstand zurück zu treiben; so möge es dem Gott der Kriegsheere gefallen, unsere Officier und Soldaten mit einer unüberwindlichen Stärke zu beleben, dieselbe in den Gefechten zu beschützen, und die Waffen des festen Amerikanischen Landes zur See und zu Lande mit Siegen und glücklichen Ausschlägen zu krönen. Er wolle die Gesetzgeber und Repräsentanten des Volks in ihren Versammlungen seegnen; ihre Einigkeit aufrecht erhalten und bestärken; ihnen eine feurige und uneigennüzige Liebe für ihr Vaterland einflößen; sie mit Weisheit und Standhaftigkeit in ihren Rathsversammlungen begaben, in die wirksamsten Maßnehmungen leiten, um die Amerikanischen Rechte auf der dauerhaftesten Grundfeste zu sichern; Gesundheit und Ueberfluß in den Kolonien verbreiten; einen unversehrlichen Geist von Vaterlandsliebe und wahrer Religion darinn unterhalten, und endlich dem Lande den Seegen des Friedens baldigst wieder schenken, auch die Freyheit unter die entfernteste Nachkommenschaft übersetzen etc.«

Der Heroismus entflammt die Alten wie die Jungen, und man siehts an dem Beyspiele der Griechen, Römer, Chartaginenser, Holländer, Schweizer, zu welchem Gipfel von Hoheit und Größe Freyheitsliebe den Menschen erhebe. Ich bin 62. Jahr alt, schreibt einer aus Philadelphia, und gehe täglich zweymal auf den Exercierplaz. Da sind Männer, die älter sind als ich, und dennoch fest entschlossen, zu fechten, und ihr Beyspiel entflammt unsre Jünglinge. Wir kennen keine andere Losung mehr, als Freyheit oder Tod. Wir haben 150000. Mann in Waffen und Geld genug. Sie haben unsern Obristen Allen in Ketten nach Engelland gesandt; tödten sie ihn; so tödten wir ihre Obristen auch. Wollen sie unsere Gefangene henken; so haben wir auch Stricke für die ihrigen.

Die Englische Armee wird mit dem Unnamen Ministerialarmee belegt, und wegen ihrer gegenwärtigen Unthätigkeit beynahe verachtet. General Clinton machte Mine, NeuYork von seinen Kriegsschiffen anzuzünden; gleich sandte General Lee den Major der Stadt auf die Flotte mit der Bothschaft: daß, wenn General Clinton ein einziges Haus anstecken würde, 100. Thories sogleich mit Ketten zusammen gekuppelt, und in das Feuer geworfen werden sollten.

Den 19. Merz war das erste Seetreffen zwischen den Königl. Schiffen und einigen Schiffen aus Philadelphia. Nach tapferm Widerstande mußten die Königl. Schiffe abziehen.

Die neueste und wichtigste Nachricht aus Amerika ist diese, daß der Kongreß nunmehr durch Mehrheit der Stimmen die *Unabhängigkeit von Großbrittannien* beschlossen habe. Von 12. Kolonien haben 7. für die Unabhängigkeit und 5. dagegen gestimmt. Ferner beschloß der Kongreß: mehr als 3. Millionen Pfund Sterling, welche man Engelland noch schuldig ist, einzubehalten, und auf die Kosten des Kriegs

zu verwenden; auch die Güter von Englischen Eigenthümern, sogar von denen, die abwesend sind, zu gleichem Zwecke zu verwenden.
Nun werden nur noch die Teutsche erwartet, um den lezten Versuch auf die Freyheit der Amerikaner zu wagen. Soll man ihnen Glück wünschen oder nicht?

Das Gerücht erneuert sich, daß auch 15000. Russen in Englischen Sold genommen werden sollen; vielleicht sind diese geschickter zum Unterjochen, als wir Teutsche, die ohnehin diesen Krieg aus Liebe für Engelland mit sehr mitleidigen Augen betrachten. Die dießjährigen Kriegsunkosten werden auf 17. Millionen Pf. Sterling gerechnet.

50. Stück, 20. Juni 1776

## *Literatur.*

*Siegwart, eine Klostergeschichte. Erster Theil bey Weygand 1776.*
Unter den Genieprodukten der leztern Messe verdient gewis dieser Roman eine der obersten Stellen. Zwar ist das Genie dieses Verfassers kein Feuer, das mit Geprassel aufflammt, und mehr sengt, als erwärmt; aber stilles ruhiges Altarfeuer ists, das in der Seele des Dichters, wie in einem Tempel unter Weyrauchdüften sanft empor lodert, und den Gegenständen um ihn her Licht und Wärme ertheilt. Dies tiefe Naturgefühl, diese blühende Phantasie, die sich nie, oder doch selten über die Wolken versteigt, dies weiche für jeden Eindruck des Guten und Schönen immer geöfnete Herz, diese alles umfassende Menschenliebe, dieser richtige Verstand, der alles so weislich ordnet, und zu einem schönen Ganzen bildet, und dieser Dichtergeist, der durch die ganze Geschichte weht, und Handlung und Leben in sie zaubert – ist in keinem der neusten Romane so sehr, bis zur

*Siegwart . . . 1776:* anonymer Roman von Johann Martin Miller (vgl. 77. Stück von 1775). Auch der zweite Teil erschien 1776.

stillen Verwunderung mit einander verbunden, als in dieser Klostergeschichte. Der Stil des Verfassers ist so harmonisch, so schön und lieblich blühend, daß auch von dieser Seite wenig mit ihm verglichen werden kann. Harmonisch wie Geßner, aber herziger und wärmer als er, richtig wie Gellert, aber weniger ängstlich und teutscher als er, ist so ungefehr der Verfasser in seinem Vortrage. Das Empfindsame, ob dem uns seit einiger Zeit mit Recht eckelte, dann es war meist lose Speise in Brühen und Sulzen aufgetragen, behauptet hier wieder sein volles Recht; dann da ist nicht nachgeäfte Empfindsamkeit eines Sentimentalgecken, sondern würklicher Ausguß eines vortreflichen Herzens, das alle Menschen, die nicht gänzlich verdorben sind, in sein Interesse ziehen muß. Die Scenen des Scheidens, des Wiedersehens, des Krankenbetts und des Todes der Gerechten – wer hat sie ausser Klopstok und Lavatern, eindringender, herzschneidender geschildert, als dieser Verfasser!

Welche Gruppe von herrlichen Charakteren in diesem Romane! *Siegwart*, ein feuriger Jüngling, der jedes ihm dargebottene Schöne mit Enthusiasmus ergreift, kommt in ein Kapuzinerkloster, und die edlen Thaten einiger ehrwürdigen Väter, die im Stillen und ohne Geräusch vor Gott wandelten, geben seiner Einbildungskraft einen so feyerlichen Schwung, daß er sich entschließt, selbst ein Kapuziner zu werden. Der Verfasser hat diesen Entschluß Siegwarts vor unsern Augen entstehen und reif werden lassen. In einer benachbarten Piaristenschule trift Siegwart einen jungen Edelmann an, Namens *Kronhelm*, der so gefühlvoll, aber weniger Schwärmer ist, als er. Kronhelms Vater ist ein dummer Landedelmann, den nichts mehr auf der Welt als seine Maitresse und Jagd beschäftigt. Dieser Charakter ist dem Verfasser so gut gelungen, daß wir ihn immer Fieldings Western an die Seite setzen können. Siegwarts Schwester *Theres* ist beynahe die personificirte Natur, voll Einfalt und himmlischer Unschuld. Zwischen ihr und Kronhelm entspinnt sich eine Liebe, die in der Folge viel Reichthum in die Handlung bringen muß. Ihre Schwester, die

Affektation der Stadt und Hofsitte widerlich macht, ist die Folie, die Theresens Charakter hebt. So wenig Begebenheiten man auch in diesem so simpeln Plane vermuthen sollte; so unterhaltend weiß doch der Verfasser seine Geschichte zu machen, und man muß seine Phantasie bewundern, die ihm hundert interessante Episoden immer zu gelegener Zeit herbey zu führen weiß. Ob der Charakter der Theres nicht mehr Ideal, als Natur sey, ob nicht auch der Charakter der Kapuziner sehr übertrieben worden, (uns wenigstens würde es schwer fallen, Leute von diesen unverdorbenen himmlischen Gesinnungen anzutreffen,) ob nicht einige Naturschilderungen für viele Leser zu weitschweifend und zu ermüdend seyen, will ich andere untersuchen lassen. Ich danke vielmehr dem Verfasser für die süßen Thränen, die er mit entlokte, und jedem Leser von gutem Herzen entlocken wird, und noch mehr für das Gute, das ein solches so schön geschriebenes Buch nothwendig stiften muß.

65. Stück, 12. August 1776

## *Kolonistenkrieg.*

Die erste Kolonne der Heßischen Truppen ist nun glücklich in Amerika angekommen. Die Soldaten sind alle gesund und voll Muth, auch in einer fremden Welt ein Monument der Heßischen Tapferkeit aufzuthürmen. Man erwartet deswegen ehestens sehr wichtige Nachrichten aus diesem Welttheile.

Die teutschen Prediger in Philadelphia sehen diesen ganzen Krieg mit apokalyptischer Brille an. Die Offenbarung Johannis ist ihr Orakel, das sie um Rath fragen, und sie finden, wie Magister Sebaldus Nothanker, alles drinn, was sie wollen.*) Die Briefe, die sie an ihre Brüder, die Herren-

*) Meiner Empfindung nach hat Nikolai nicht wohl gethan, daß er seinen Nothanker, dessen ganze Anlage ruhige, kalte Ueberlegung ist,

huthische Kreuzluftvögelein nach Teutschland schreiben, sind ungemein lustig zu lesen. Weh den Britten, wenn der Enthusiasmus dieser Leute zusamm fährt, und auf Freyheitsgefühl gelenkt wird! –
Wie wichtig die Englischen Kolonien in Amerika sind, hat schon der große Staatsmann, der Kardinal Alberoni, in der ersten Helfte dieses Jahrhunderts eingesehen. Er hatt' es sich zur Hauptabsicht gemacht, den Prätendenten wieder auf den Englischen Thron zu setzen. Zu dem Ende rieth er ihm, sich auf die Insel Korsika zu begeben, und da alle diejenigen, die seine Parthie in den brittannischen Inseln halten, um seine Person zu versammlen; zu diesen soll er alle diejenigen stossen lassen, welche aus fremden Ländern in seine Dienste tretten wollen, und die Hülfsvölker, welche ihm fremde Mächte öffentlich oder heimlich zuschicken. Mit diesen vereinigten Truppen solle er nach Boston oder Hallifax segeln; den Einwohnern freye Religionsübung versprechen; die Privilegien der Kolonien bis dahin ausdähnen, daß sie von allen Auflagen frey sind; daselbst ein Parlament und eine Gesetzgebung zu stiften, die ganz von denjenigen in Westmünster unabhängig sind. Ist er einmal Herr von den englischen Besitzungen in Westindien; so muß sich ihm Engelland von freyem unterwerfen, oder es ist ihm ein leichtes, es zu erobern. Was würde Alberoni sagen, wenn er jezt lebte?

## *Der Freye.*

Dort oben an der Gränze, wo Schwaben Helvetiens Saum küßt, steht zwischen zween Bergwäldern in einem engen Thale eine Hütte, und davor ein Thor, von einem alten Wächter bewacht. – Was würdest du thun, wenn der Feind käme? fragte ein Fremder den Wächter.

zu einem so enthusiastischen Verehrer eines so mistischen Buchs macht. Einen solchen widersprechenden Charakter kanns nicht in der Natur geben. –

»Das Thor zumachen.«
Wenn aber der Feind Gewalt brauchte?
»Mich todtschießen lassen.«
Wer ist dann dein Herr?
Der Wächter wieß mit feirlichem Ernst gen Himmel.
Nicht so! Wer giebt dann hier Gesetze? –
Der Wächter legte seine Hand auf die Brust.

Eine erhabene Pantomine! Der Wächter erkannte Gott für seinen Herrn, und sein Gewissen für seinen Gesetzgeber. Wer so denkt, verdient ewig frey zu seyn.

71. Stück, 2. September 1776

## *Gelehrte Nachricht.*

Der große Gelehrte und Staatsmann, Baron von Ikstadt, Geheimder Rath des Churfürsten von Baiern starb kürzlich zu Waldstätten, wo er der Gränzberichtigung halber anwesend war, plözlich am Schlage, eben da er nach der Mahlzeit einen Brief zusiegeln wollte. Sein merkwürdiges Leben wird nächstens zu Ulm im Stettinischen Verlag, von einer bekannten geschickten Feder ausgearbeitet, ans Licht tretten. Friede mit deiner Asche, theurer Mann!

73. Stück, 9. September 1776

Der große *Chodowieki* in Berlin hat uns kürzlich mit einem *Werther* beschenkt, der eben so reich an Geniezügen ist,

Selbstanzeige Schubarts, die sich auf sein 1776 bei Stettin in Ulm erschienenes Werk *Leben des Freyherrn von Ikstadt, Churfürstl. Bairischen Geheimden Raths von Magister Schubart* bezieht.

*Chodowieki:* Daniel Chodowiecki (1726–1801), überaus produktiver und bekannter Maler und Radierer.

wie seine Lotte. Nun arbeitet er an Zeichnungen zu Tristram Shandy und zum Agathon. Welchen Stof bietet der Einbildungskraft des großen Künstlers ein Tristram Shandy! Freue dich, Teutscher, deiner Künstler, und unterstütze sie!
*Geyser* will nun unsere besten Schriftsteller in Medallionform gestochen, nach einander 'rausgeben, und hat bereits mit Göthe angefangen.

78. Stück, 26. September 1776

## *Werth des Fürstenherzen.*

Man verwahrt die Herzen der Fürsten nach ihrem Tode in goldnen Kelchen, und giebt ihren übrigen Leichnam der Verwesung Preiß – zum Kennzeichen, daß das *Herz* an einem Fürsten das Beste sey. – Einstmal wollte man einen Fürsten öfnen, und sein Herz einbalsamiren und verwahren. – Laßt ihn verwesen, wie er ist, den Tyrannen! rufte sein Beichtvater, hat er doch niemals in seinem Leben gezeigt, – daß er ein *Herz* habe.
*Ein* Seraphsgedanke ist größer, als unser *Kopf*, aber nur Gott ist größer, als unser *Herz*.

84. Stück, 17. Oktober 1776

## *Neuigkeiten.*

Nun scheints fast gewis zu seyn, daß es in Amerika unweit Neu-York zu einer Hauptschlacht gekommen, wobey die Engelländer, den neusten Nachrichten aus London zu Folge, aufs Haupt geschlagen wurden; auch Briefe aus Frankreich bestättigen diese Nachricht.

*Tristram Shandy:* Vgl. 10. Stück von 1774.
*Agathon: Geschichte des Agathon,* Roman von Christoph Martin Wieland (1733–1813); erste Fassung 1766/67, zweite Fassung 1773.

Die ganze Hannöverische Armee hat Befehl erhalten, sich mit ehestem einzuschiffen und nach Amerika zu schwimmen.

Einem teutschen Patrioten muß das Herz bluten, wenn er sieht, wie unnütz seine besten Krieger hingeopfert werden. Die Provinzialen mögen besiegt werden oder nicht; so haben wir keinen Nutzen, sondern den bittersten Schaden davon. Bräch' ein Feind ein, wer sollte das nackte Land schützen? Mit Recht wird jezt in Regenspurg die Frage beherzigt: Ist es einem Reichsstand erlaubt, ohne beym allerhöchsten Tribunal anzufragen, seine Truppen in ferne Lande zu schicken?

85. Stück, 21. Oktober 1776

## *Zwischen Engelland und seinen Kolonien.*

Das Ministerium in London ist jezt sehr kleinlaut, ein sicheres Kennzeichen, daß die Nachrichten aus Amerika eben nicht die besten sind. Die Amerikanischen Kaper streifen mit Muth und Glück auf dem Meere. Der Hektor, ein Kaper von 30. Kanonen, nahm im August 6. Englische Kaufmannsschiffe von großem Werth weg, und wenn die Königliche Armee in Amerika auch nicht geschlagen worden; so hat sie doch bishero noch keinen beträchtlichen Schritt vorwärts gethan. Die Amerikaner führen sich schon auf, als wären sie seit einem Jahrhundert freye Leute, die nichts mehr zu fürchten haben. Man bemerkt in ihren Maaßregeln nicht nur Muth und Entschlossenheit, sondern auch ungemein viel Ueberlegung und Klugheit, die das Ungestümm der Freyheitsfechter zur rechten Zeit zu mäßigen weiß. Wie verderblich dieser Krieg für Engelland sey, beweißt der merkliche Verfall der Handlung und die täglich ausbrechenden Bankerute, die dem öffentlichen Kredit ein Glied nach dem andern abstoßen.
Richtig ists, daß die ganze Hannöverische Armee Befehl erhalten hat, sich nach Amerika, oder wie einige wollen, nach Engelland einzuschiffen, um dieß Königreich gegen

einen zu befürchtenden Ueberfall zu schützen. Die Hannöverischen Officiers haben sich erklären müssen, ob sie sich im Stand befinden, einen Feldzug zu thun, oder ob sie lieber ein Jahrgehalt haben wollen, indem beym künftigen Aufbruch der Truppen keine Entschuldigung statt finden soll. Viele entschloßen sich, im Vaterland zu bleiben, und eine schicklichere Gelegenheit abzuwarten, ihren Muth zu zeigen.

90. Stück, 7. November 1776

## *NeuYork.*

Noch immer müssen wir die Folgen des Siegs auf der Lang-Insel nachholen. Alles bestättigt sich. Die *Hessen* thaten, wie die Engländer selbst bezeugen, das meiste, um den Sieg zu gewinnen. In NeuYork soll Uneinigkeit herrschen. Ein Theil der Einwohner will die Stadt anstecken, der andere widersetzt sich, um die Kranken zu schonen, deren Menge sehr groß ist, und die man den Flammen überlassen müßte.

*NeuYork*, glaubt man, wird beschossen, vielleicht ists schon über. Man hört immer stark kanoniren. *Washington* muß jetzt daselbst mehr bitten, als befehlen. Es sollten Truppen aus Connecticut einrücken, und die Garnison widersetzte sich. Die Engelländer wollen die Stadt schlechterdings erhalten. – Der Provinzial Congreß hat sich schon aus Ahndung eines unglücklichen Ausgangs nach *Harlem* gezogen, und eine angeordnete Commißion will, die Stadt NeuYork soll angesteckt werden, wenn die Amerikaner sie verlassen müssen.

Das Glück scheint nun auf einmal sich an den Amerikanern satt gesehn zu haben, und liebkoßt nun wieder den Engelländern. In *Alt-Engelland* soll auch die Werbung gut von statten gehen. Der Mensch läuft dem Glück nach, wie der wieder auflebende Kranke dem Sonnenschein.

103. Stück, 26. Dezember 1776

Hab schon einmal den verdienstvollen Gelehrten Breitinger in meiner Chronik todt gesagt, ohn' ihn wieder aufzuwecken. Nun erhalt' ich aber ein Schreiben aus Zürich, des Innhalts:
Letztern Freytag den 12 December ward unser verehrungswürdiger Herr Kanonikus Breitinger, gerade, da er noch munter für sein 75. jähriges Alter ein Konvent verlassen hatte, von einem Schwindel und Schlagfluß überfallen. Er kam nicht mehr zu sich selber, und verschied Samstags den 13ten um Mitternacht. Wir verlieren an ihm einen der einsichtvollsten, klügsten, thätigsten Beförderer des guten Geschmacks, der Literatur und des Schulwesens. Sein Fleiß war unermüdet. Was er that, that er ganz. Sein kenntliches Portrait ist im 2ten Theile der Lavaterischen Phisiognomik. Ihm succedirte Herr *Steinbrüchel* einer der vortreflichsten Schulmänner, ein ofner Kopf, und ein Mann von Geschmack und Entschlossenheit. – Diesem Herr *Nüscheler,* der Uebersetzer des Plutarchs, am Kollegium humanitatis, und Hr. *Rahn* und *Hottinger* theilten dessen Professuren vom Jus Naturä und der Geschichtskunde. –

7. Stück, 23. Januar 1777

## *Memento mori für die Krittler.*

1.

Hast ein Buch vor dir, und möchtests – oder, sollsts rezensiren; so geh' in dein Kämmerlein, und schleuß die Thür nach dir zu, und frag dich vor: verstehst's Buch auch?

*Gelehrten . . . gesagt:* Vgl. 33. Stück von 1775.

2.

Schlag nicht gleich mit dem Schwerd drein, liest du ein schaales Buch, denk, 's könnt ein alter Mann seyn, der dieß Buch schrieb – hats wohl nicht böß gemeynt – und du willst ihn schlagen, den Glazkopf, der ohnehin schon zum Grabe nikt? –*) Ihn, der vielleicht als Bürger, als Mensch und Christ manch' edle That gethan, köstlicher, als das schönste Buch mit Modetittel und Modefrazen, und Modewiz und Modeschnitt.

3.

Oder denk: 's könnt' ein Jüngling seyn, der furchtsam und blöde am Nestchen steht, und seine Flügelein versucht. – Sieh, er wagt sich in die Luft, setzt sich wieder, flattert allenfalls auf deinen Flintenlauf, glaubt's sey ein Ast. – und du willst ihn morden, Barbar? – Ihn, der, wo er nicht fliegen wird, wie ein Adler, und singen, wie die Nachtigall, doch fliegen wird in Gottes Luft, und zwitschern aus dem dunklen Busch??

4.

Da steht einer, setzt den Zirkel an, sagt bescheiden: *Für den Kraiß schreib' ich!* – thuts auch und verbreitet Ordnung, Wohlbehagen und Freud' in diesem Kraise – und du gehst her, erweiterst den Kraiß, daß Welten drinn tanzen könnten, und siehst du, daß der bescheidne Schriftsteller nun nicht mehr 'nausreicht mit seinen Strahlen, gleich über ihn herfährst, und ihm Perück und Kragen und Mantel vom Leib reißst, und über ihm kollerst und deine Geberde verstellst, daß dir der Geifer herabfließt in deinen Bart – sags und richte selber: Bist du nicht ein unbescheidner, ungerechter, unchristlicher, herzloser Kerl, den man mit Schneeballen vom Richterstuhl werfen sollte?

*) Man schickte mir neulich von H. ein Hymenaeum, das ein 75.jähriger Greiß wohlmeynend auf seines Freunds Hochzeit verfertigte, und erwartete von mir, ich würd' es öffentlich beschimpfen – Ich müßt' ein Ungeheuer seyn, wenn ich über die Schwachheiten des Alters spotten könnte.

5.

Stößt dir aber ein unbescheidner Knab auf, der mit Schwanenstolz daherschwimmt, und spottet der Vögel über ihm, und hochhalsig anschielt die Thier am Ufer, und hinunterstürzt nach den Fischlein im Wasser, sie zu verschlingen; den wirf, bis er liegt!! Scheu nicht des Giganten Tritt und seinen Jast und sein Hohnsprechen; sondern nimm Stein und schleudr' ihn zur Erde. Nur Demuth verdient Schonung; Arroganz aber Wurf und Tod.

6.

Ueberlaß das meiste der richtenden Zeit. Sie steht mit der Waag hoch und wägt. Siehst du, wie gelehrtes Spreu auffährt in der Waagschaal, und Sturmwinds Raub wird? – Was willst du richten! – Siehst du die sinkende Schaale mit Goldsand und Edelgestein? – Was willst du richten!!

7.

Und über das alles, Krittler, bedenke das Ende; so wirst du nimmermehr Uebels thun. – Schrecken dich die Kunstrichtergerippe, und der Anblick ihrer holen Schädel, und ihres Gebeins Dürre in Büchersälen nicht? – Halt dir einen Mann, nach Egypter Brauch, der dir zuruft, wenn Galläpfelsaft in deiner Feder sprudelt: Memento mori!! – Gieb Acht, entsinken wird die Feder deiner Rechte, und hast ein Herz im Leib; so wird ein Thränchen stürzen aufs Papier, und jede Bruderbeleidigung wegflösen.

8.

So richte mich Leser, ich werde sie halten meine sieben Gebott.

# Editionsbericht

Es gibt keine Gesamtausgabe der Werke Schubarts, die philologischen Ansprüchen genügte. Die Ausgabe Gustav Hauffs (Nr. 6 im folgenden Nachweis der Druckvorlagen) ist die vollständigste Ausgabe der Gedichte, obschon ihr einige fehlen (z. B. »Die alte und neue Poesie«, »Loblied auf den Punsch«); Orthographie und Lautstand sind von Hauff den um 1880 gültigen Normen angepaßt. Ernst Holzer (Nr. 7) urteilt von Hauff, »daß er kein geschulter Philolog war und kein philologisches Gewissen besaß« (S. 107). Deshalb geht die vorliegende Ausgabe auf den frühesten jeweils greifbaren Druck eines Gedichtes zurück. Die sog. »Akademieausgabe« (Nr. 3), der Anlage nach eine Ausgabe letzter Hand, enthält nur die bis 1786 entstandenen Gedichte, sie ist zudem durch die während der Gefangenschaft dominierende pietistische Gemütslage Schubarts beeinflußt, so daß ihr mehrere reizvolle Gedichte aus früheren Jahren fehlen. Auf ihr fußt die – unzuverlässige – Ausgabe in Bd. 3 und 4 der *Gesammelten Schriften* (Stuttgart 1839; Nachdr. Hildesheim 1972). Die Ausgabe Ludwig Schubarts (Nr. 5) kann ebenfalls nicht als zuverlässig angesehen werden; der Herausgeber bekennt, daß er einige Texte »aus dem Gedächtniß« mitteilt und »in Absicht der Richtigkeit der Sprache und des Reims [...] da und dort, wo es die Strophe zuließ, Berichtigungen angebracht« habe (S. IV f.). Daher wurde diese Ausgabe nur in solchen Fällen herangezogen, in denen frühere Drucke nicht greifbar waren.

Im einzelnen fußt die hier vorgelegte Auswahl bei chronologischer Anordnung der Gedichttexte auf den folgenden Quellen:

1. Christian Friedrich Daniel Schubart: *Todesgesänge.* Ulm 1767 (»Auf die Leiche eines Regenten«, S. 179–183).
2. *Deutsche Chronik.* Herausgegeben von Christian Friedrich Daniel Schubart. Jahrgang 1774–1777. [Faks.-Dr.

Heidelberg 1975.] Bd. 1, 1774 (»Der Wolf und der Hund«, S. 8; »Der Hahn und der Adler«, S. 55 f.; »An Stupor«, S. 64; »Das Glück der Empfindsamen«, S. 247; »An Lischen«, S. 255; »Der erste Schnee«, S. 568); Bd. 2, 1775 (»An den Haps«, S. 32; »An einen Kritikaster«, S. 62; »Der Leipziger Musenalmanach«, S. 149; »Thraso«, S. 255; »Die alte und neue Poesie«, S. 304; »An Zill«, S. 335; »Physiognomik der Todtenschädel«, S. 456; »Freyheitslied eines Kolonisten«, S. 507; »In eine Meßiade«, S. 600; »Lied eines Schwabenmädgen«, S. 639 f.); Bd. 3, 1776 (»Loblied auf den Punsch«, S. 133; »Der rechte Glaub«, S. 327; »An den Hutmacher Städele in Memmingen«, S. 744). – Dieser Ausgabe sind auch die Prosatexte entnommen.

3. *Christian Friedrich Daniel Schubarts sämtliche Gedichte.* Von ihm selbst herausgegeben [Akademieausgabe]. Bd. 1. Stuttgart 1785 (»Morgenlied«, S. 39–41; »Es ist genug«, S. 121–124); Bd. 2. Stuttgart 1787 (»Mährchen«, S. 361 bis 365; »Der Bauer im Winter«, S. 358–360; »Die Fürstengruft«, S. 78–83; »Mädchenlaune«, S. 169 f.; »Der Gefangene«, S. 131–133; »Schwäbisches Bauernlied«, S. 257–259; »Lisels Brautlied«, S. 254–256; »Die Forelle«, S. 139 f.; »Fluch des Vatermörders«, S. 123–130; »Winterlied eines schwäbischen Bauerjungen«, S. 252 f.).

4. *Zwey Kaplieder von Schubart.* o. O. Im Februar 1787 (»Abschiedslied«; »Für den Trupp«).

5. Christian Friedrich Daniel Schubart: *Gedichte.* Herausgegeben von seinem Sohne Ludwig Schubart. Bd. 2. Frankfurt a. M. 1802 (»Gellerts Grabschrift 1770«, S. 378; »Neujahrsseufzer eines Studenten«, S. 285 f.; »Jerg. Ein Schwäbisches Bauernlied«, S. 347–349; »Recipe für einen Bierwirth«, S. 274; »An Ihro Gnaden«, S. 276; »An Mops«, S. 277; »Brandteweinlied eines Schusters«, S. 364–366; »Michel an Lisel«, S. 363; »Deutscher Provinzialwerth«, S. 253; »Franklins Grabschrift«, S. 266 f.; »Deutscher Freiheitsgeist«, S. 250; »Preußenlied«, S. 234 f.; »Der Deutsche«, S. 240).

6. *Christian Friedrich Daniel Schubarts Gedichte.* Hist.-

krit. Ausg. Hrsg. von Gustav Hauff. Leipzig o. J. [1884] (»Klage«, S. 40–42; »Schlittenlied«, S. 401 f.; »Deutsche Nachäfferei«, S. 211; »Willkomm«, S. 113 f.; »Freiheit«, S. 193; »Vaterland«, S. 179–181).

7. Ernst Holzer: *Schubart als Musiker.* Stuttgart 1905 (»Schneiderlied«, S. 107).

Die Texte der vorliegenden Ausgabe folgen genau den angegebenen Quellen. Allerdings waren Anpassungen an den heute durchgehenden Antiquasatz nicht zu umgehen. Fremdsprachliche Ausdrücke, die im Fraktursatz des Originals nach zeitüblicher typographischer Konvention in Antiqua gesetzt sind, wurden nicht ausgezeichnet. Texthervorhebungen, in den Druckvorlagen durch größeren Schriftgrad oder durch Sperrung gekennzeichnet, erscheinen hier einheitlich kursiv. Offensichtliche Druckfehler wurden stillschweigend korrigiert, die Abbreviaturen ē > en, m̄ > mm aufgelöst, ꝛc durch etc. und aͤ, oͤ, uͤ durch ä, ö, ü wiedergegeben sowie in wenigen Fällen Anführungszeichen nach heutigem Gebrauch gesetzt.

# Zeittafel

1739 26. März: Christian Friedrich Daniel Schubart, geboren zu Obersontheim, Grafschaft Limburg, als Sohn des Pfarrvikars, Kantors und Präzeptors Johann Jacob Schubart (1711–75).

1740 Übersiedlung der Familie nach Aalen.

1751 Erste Bekanntschaft mit Klopstocks *Messias.*

1753–56 Besuch des Lyzeums in Nördlingen.

1756 Schule »Zum Heiligen Geist« in Nürnberg.

1758 Oktober: Beginn des Theologiestudiums in Erlangen, Befreiung aus dem Schuldgefängnis durch einen pietistischen Bürger.

1760 Frühjahr: Rückkehr nach Aalen, Unterstützung des Vaters als Kantor und Prediger, kurze Tätigkeit als Hauslehrer in Königsbronn.

1763 Oktober: Schuladjunkt an der deutschen und lateinischen Schule zu Geislingen.

1764 10. Januar: Ehe mit Helene Bühler.

1766 *Die Baadcur,* Gedichte, Ulm.

1767 *Todesgesänge,* Gedichte, Ulm.

1767/68 Auf Veranlassung Wielands Mitarbeit an der Zeitschrift *Der neue Rechtschaffene* (nicht mehr nachweisbar).

1769 Berufung nach Ludwigsburg als Organist und Musikdirektor. Tätigkeit als Musiklehrer.

1771 Edition eines Raubdrucks: Friedrich Gottlieb Klopstock, *Poetische und Prosaische Werke,* 2 Bde., Frankfurt und Leipzig.

1773 Gefängnishaft, Entlassung aus dem Dienst und Landesverweisung am 21. Mai durch Herzog Karl Eugen von Württemberg als des Ehebruchs »tantum non convictus« (d. h. so gut wie überführt).

1773/74 Aufenthalte in Heilbronn, Mannheim, Heidelberg, Schwetzingen, München. Erster Schlaganfall.

1774 31. März: Gründung der *Deutschen Chronik* in Augsburg.
2. Mai: Nach dem Verbot in Augsburg erscheint das Blatt in Ulm.

1775 *Neujahrsschilde in Versen,* Gedichte, Augsburg.
Ausweisung aus Augsburg, Übersiedlung nach Ulm.
*Leben Klemens XIV., Römischen Pabsts,* Biographie, 2 Bde., Berlin und Leipzig.

1776 1. Juni: Hinrichtung von Joseph Nickel in Kloster Wiblingen bei Ulm (vgl. Nachwort).
*Leben des Freyherrn von Ickstadt, Churfürstl. Bairischen Geheimden Raths*, Biographie, Ulm.

1777 23. Januar: Entführung durch Klosteroberamtmann Scholl aus Blaubeuren auf Befehl Karl Eugens, Inhaftierung auf dem Hohenasperg bei Ludwigsburg.
Fortsetzung der *Chronik* durch Konrad Friedrich Köhler, später durch Johann Martin Miller.

1778 3. Februar: Erste Hafterleichterung.
26. Juni: Besuch Johann Kaspar Lavaters und des pietistischen Pfarrers und Schriftstellers Philipp Matthäus Hahn.
Beginn der Arbeit an *Leben und Gesinnungen*, die Schubart einem Mitgefangenen diktiert.

1780 Weitere Hafterleichterung; Erlaubnis, Briefe zu schreiben.

1781 Besuch Schillers.
Die *Chronik* stellt ihr Erscheinen ein.

1782 Tod des Festungskommandanten Rieger.

1785 *Gedichte aus dem Kerker*, Zürich.
*Sämtliche Gedichte*, Stuttgart (Bd. 2: 1786).

1786 Friedrich der Große. Ein Hymnus, o. O.

1787 11. Mai: Entlassung aus der Haft durch Karl Eugen.
Anstellung als Theaterdirektor und Hofdichter in Stuttgart.
Juli: Fortsetzung der *Chronik* als *Schubarts Vaterländische Chronik*.

1788 *Franz von der Trenck, Pandurenobrist*, Biographie, Stuttgart (3 Bde., bis 1790).

1789 *Neujahrswünsche für das Jahr 1790*, Gedichte, Stuttgart.

1791 *Leben und Gesinnungen*, Bd. 1, Stuttgart (Bd. 2: 1793).
10. Oktober: Schubart stirbt an den Folgen eines Schleimfiebers.

1793 Die *Chronik*, fortgeführt von Schubarts Sohn Ludwig Schubart und Gotthold Friedrich Stäudlin, stellt ihr Erscheinen ein.

# Literaturhinweise


*Ausgaben*

Deutsche Chronik. Herausgegeben von Christian Friedrich Daniel Schubart. Jahrgang 1774–1777. Faks.-Dr. Mit einem Nachw. hrsg. von Hans Krauss. Heidelberg 1975.

Christian Friedrich Daniel Schubarts sämtliche Gedichte. Von ihm selbst herausgegeben. 2 Bde. Stuttgart 1785/86.

Christian Friedrich Daniel Schubart: Gedichte. Herausgegeben von seinem Sohne Ludwig Schubart. 2 Bde. Frankfurt a. M. 1802.

Christian Friedrich Daniel Schubart: Gesammelte Schriften und Schicksale. 8 Bde. Stuttgart 1839/40. [Fotomech. Nachdr. Hildesheim 1972.]

David Friedrich Strauß (Hrsg.): Christian Friedrich Daniel Schubart's Leben in seinen Briefen. 2 Bde. Berlin 1849.

Christian Friedrich Daniel Schubarts Gedichte. Hist.-krit. Ausg. Hrsg. von Gustav Hauff. Leipzig o. J. [1884].

Neue Briefe von Schubart. Mitgeteilt von Rudolf Krauss. In: Euphorion 8 (1901) S. 77–102, 285–300.

Schubarts Werke in einem Band. Hrsg. von Ursula Wertheim und Hans Böhm. Weimar 1959 [u. ö.].

Christian Friedrich Daniel Schubart: Gedichte. Ausgew. von Peter Härtling. Frankfurt a. M. 1968.

Christian Friedrich Daniel Schubart: Strophen für die Freiheit. Eine Auswahl aus den Werken und Briefen. Hrsg. von Peter Härtling. Stuttgart 1976.

*Bibliographie*

Christian Friedrich Daniel Schubart. In: Karl Goedeke: Grundriß zur Geschichte der deutschen Dichtung. Bd. 4,1. Dresden 1916. S. 849–878.

*Sekundärliteratur*

Adamietz, Horst: Christian Friedrich Daniel Schubarts Volksblatt »Deutsche Chronik«. Diss. Berlin 1941.

Fehleisen, Georg: Schuldiktate Schubarts während seiner Wirksamkeit an der Geislinger Schule 1763–69. Tübingen 1929.

Gaiser, Konrad: Christian Friedrich Daniel Schubart. Schicksal, Zeitbild, ausgewählte Schriften. Stuttgart 1929.

Gaiser, Konrad: Schubart im Exorzistenstreit. In: Euphorion 28 (1927) S. 564–595.

Gaiser, Konrad: Schubarts politische Publizistik. In: Schwaben. Monatshefte für Volkstum und Publizistik 11 (1939).

Gaiser, Konrad: Christian Friedrich Daniel Schubart. Musiker, Dichter und Publizist. Stuttgart 1940. (Schwäbische Lebensbilder. Bd. 1.)

Härtling, Peter: Ein Rebell im Rokoko. Über Christian Friedrich Daniel Schubart. In: Der Monat 20 (1968) H. 241. S. 59–66.

Hauff, Gustav: Christian Friedrich Daniel Schubart in seinem Leben und seinen Werken. Stuttgart 1885.

Hauff, Gustav: Die Schubart-Biographie und Schubart-Kritik in ihrem gegenwärtigen Zustande. In: Archiv für das Studium der neueren Sprachen und Literaturen 83 (1889) S. 369–412.

Haug, Balthasar: Schubarts Charakter. Ulm 1771.

Holzer, Ernst: Schubart als Musiker. Stuttgart 1905.

Joerdens, Karl Heinrich: Christian Friedrich Daniel Schubart. In: Joerdens Lexikon deutscher Dichter und Prosaisten. Bd. 4. Leipzig 1809. S. 639–658.

Kegel, Rudolf: Die nationalen und sozialen Werte in der Publizistik Christian Friedrich Daniel Schubarts. Diss. Greifswald 1960.

Krauss, Rudolf: Schubart als Stuttgarter Theaterdirektor. In: Württembergische Vierteljahrshefte für Landesgeschichte. N. F. 10 (1901) S. 252–279.

Mueller, Wilhelm: Die literarische Kritik in Schubarts deutscher Chronik 1774–1777. Diss. München 1910.

Pressel, Friedrich: Schubart in Ulm. Ulm 1861.

Prutz, Robert: C. F. D. Schubart (1739–1791). In: R. P.: Menschen und Bücher. Biographische Beiträge zur deutschen Literatur- und Sittengeschichte. H. 6. Leipzig 1862. S. 165–266.

Schairer, Erich: Christian Friedrich Daniel Schubart als politischer Journalist. Diss. Tübingen 1910.

Schairer, Erich: Christian Friedrich Daniel Schubart. In: Heinz-Dietrich Fischer (Hrsg.): Deutsche Publizisten des 15. bis 20. Jahrhunderts. München 1971. S. 118–128.

Schubart, Ludwig: Schubarts Charakter. Von seinem Sohne Ludwig Schubart. Erlangen 1798. [Zit. nach dem Abdr.: Chr. F. D. Schubarts Gesammelte Schriften und Schicksale. Bd. 2. Stuttgart 1839. S. 121–244.]

Simon, Hermann: Geschichte der Ulmer Presse von den Anfängen bis zum Beginn des 20. Jahrhunderts. Diss. München 1954. [Masch.]

Stälin, P[aul]: Karl Eugen. In: Allgemeine Deutsche Biographie. Bd. 15. Leipzig 1882. S. 376–393.

Walden, Herwarth: Christian Friedrich Daniel Schubart. In: Internationale Literatur (Literatur der Weltrevolution) 9 (1939) H. 4. S. 152 f.

Wiener, F.I.: Schubart's conversion. In: German Life and Letters. N.S. 8 (1954/55) S. 273–284.

Wohlwill, Adolf: Beiträge zur Kenntnis Chr. F. D. Schubarts. In: Archiv für Litteraturgeschichte 6 (1877) S. 343–391.

Wohlwill, Adolf: Neue kleine Beiträge zur Kenntnis Chr. F. D. Schubarts. In: Archiv für Litteraturgeschichte 14 (1886) S. 126 bis 148.

Wohlwill, Adolf: Christian Friedrich Daniel Schubart. In: Allgemeine Deutsche Biographie. Bd. 32. Leipzig 1891. S. 588 bis 599.

# Nachwort

Christian Friedrich Daniel Schubart vermag Interesse zu provozieren als engagierter Zeitgenosse des 18. Jahrhunderts. Seine Lebensäußerungen und Werke dokumentieren Tendenzen, Ungereimtheiten, Widersprüche, an denen seine Zeit reich war. Die Epoche gewinnt Farbe und Leben in den Reaktionen seines besonderen, unzeitgemäßen Naturells. Es zeigt eine auseinanderstrebende Vielfalt von Begabungen und Interessen, die kaum auf einen Begriff zu bringen sind. Er ist – wie es Peter Härtling 1968 formuliert hat – »auf vertrackte Weise modern in seiner Neigung zur Anarchie (die in der Aufklärung und im Pietismus gleichermaßen ihre Wurzeln hat), in seiner utopischen Gestikulation, in seiner immer wieder gekappten Hoffnung.«

Er war verbummelter Student, Prediger, Schulmeister, Musiker, Poet, Redakteur, am Ende gar Hoftheaterdirektor und Hofpoet. Spät erst, mit 35 Jahren, fand er eine Aufgabe, die seinen Neigungen und Fähigkeiten entsprach und ihm regelmäßig hinlängliche Einkünfte sicherte. Seine poetischen Werke sind, nur ästhetisch betrachtet, nicht von sonderlichem Innovationswert; auch umfangreichere Werke, einen Roman, ein Drama, hat er nicht hinterlassen. So steht er denn am Rande germanistischen Interesses, das sich auf seine jüngeren Zeitgenossen, Goethe und die Stürmer und Dränger, konzentriert. Vielfache Talente und Neigungen, Temperament und Charakter ließen lange Planung und sorgsame Realisierung größerer Vorhaben nicht zu, die ihm interpretatorische Aufmerksamkeit hätten gewinnen können. Sein Sohn urteilt über seine Arbeitsweise: »Was er mit Feuer unternahm, das stand da, eh man es recht angefangen glaubte, und lebte; wozu er sich langsam entschloß, die Hand mehrmalen ansetzte, sich mahnen lassen mußte; ja wo er sich Mühe geben und sich selbst übertreffen wollte – das gelang nicht, lebte nicht.«[1] Wie er als Musiker auf der

1 Ludwig Schubart, *Schubarts Charakter*, S. 139.

Orgel oder in Gesellschaft phantasierend sein Bestes gab, so schuf er dichtend und redigierend sein Eigentliches in der kleinen Form: im kurzen lyrischen Gedicht, im Epigramm, in den Artikeln seiner *Chronik*, die er beim Bierkrug, die Tonpfeife in der Hand, im Wirtshaus diktierte. Er brauchte die Inspiration durch Menschen; unter ihnen, wo er sich zu Gelächter und Spott, zu scharfsichtiger Kritik und populärer Reflexion angeregt sah, entstanden seine überzeugendsten, witzigsten Formulierungen. Hier, im geselligen Gespräch, am Klavier, verausgabte er sich. Er selbst soll versichert haben, »daß er das Beste in seinem Leben gesagt und nicht geschrieben habe«.[2]
So wäre denn die Beschäftigung mit ihm nur durch das humane Interesse an einer farbigen, produktiven Persönlichkeit motiviert, fiele sein bewußtes Leben nicht in die Jahrzehnte vor der Französischen Revolution. Womit sich Schubart auseinandersetzte, wogegen er polemisierte, was seine Gedichte und Artikel inspirierte: das macht sie mindestens in gleichem Maße lesenswert wie den Mann interessant, der sie schrieb und dessen Temperament seine Prosa bisweilen zum Manifest werden ließ. Kants »Beantwortung der Frage: Was ist Aufklärung?« formulierte 1784 die Feststellung: »Wenn denn nun gefragt wird: Leben wir jetzt in einem *aufgeklärten* Zeitalter? so ist die Antwort: Nein, aber wohl in einem Zeitalter der *Aufklärung*.«[3] Wenn Kant Anlaß hatte, dies in einer norddeutschen protestantischen Universitätsstadt zu schreiben, so bestand im katholischen Süden, dem sich der fortgeschrittene Norden Hannovers, Sachsens, Preußens weit überlegen fühlte, um so mehr Anlaß, den Prozeßcharakter der voranzutreibenden Aufklärung zu betonen. Schubart hatte als Schulmeister in Geislingen, als Organist in Ludwigsburg, am kurpfälzischen Hofe Karl Theodors in Schwetzingen und Mannheim, in München, ja sogar in den Reichsstädten Augsburg und Ulm

2 L. Schubart, *Schubarts Charakter*, S. 129.
3 Ehrhard Bahr (Hrsg.), *Was ist Aufklärung?*, Stuttgart 1974 (Reclams Universal-Bibliothek, Nr. 9714), S. 15.

mehr als hinreichende Gelegenheit, die Macht alter und unaufgeklärter Kräfte am eigenen Leibe zu erfahren. Klerikale Selbstgerechtigkeit und Unduldsamkeit, absolutistischer Despotismus, altbürgerliche Beschränktheit – die ganze ungelüftete Enge des von Vorurteilen und Konfessionsquerelen bestimmten Lebens, einer auch vom Pietismus verbogenen Christlichkeit: das waren die kulturellen Folgen antiquierter politischer Strukturen, die in engen, dünn bevölkerten Territorien miteinander konkurrierten. Der Merkantilismus, noch kaum in Frage gestellt von physiokratischen Wirtschaftsprinzipien, trug zur Verfestigung auch der ökonomischen Rückständigkeit bei. Armut und Geldmangel herrschten allenthalben.

Alle diese Mißstände hat Schubart in seiner *Deutschen Chronik* und auch in Gedichten beim Namen genannt und ironisch, satirisch beschrieben. Wie es damals zuging, was möglich und unmöglich war – oder doch untunlich –, muß man wissen, um Schubarts Haltung, seine Schriften und Äußerungen zu beurteilen.

Zwei Affären scheinen in besonderem Maße geeignet, diese Welt mit Schlaglichtern zu beleuchten: die Auseinandersetzung um den Exorzisten Gaßner und die zehnjährige Gefangenschaft auf dem Hohenasperg.

Der 1727 geborene Pfarrer J. J. Gaßner, von Jesuiten in Innsbruck erzogen, war auf den Gedanken verfallen, eine Krankheit, die ihm zu schaffen machte, auf teuflische Anfechtungen zurückzuführen und mit exorzistischen Praktiken therapeutisch anzugehen. Seine Kur war so erfolgreich, daß er auch Pfarrkinder und, schnell berühmt geworden, zahlreiche auswärtige Patienten behandelte. Er ließ sich nach mehreren Orten Süddeutschlands einladen und folgte im Oktober 1774 einem Ruf des erblindeten Bischofs von Regensburg, des Grafen Ignaz von Fugger-Gloett, zugleich Fürstpropsts von Ellwangen. Obschon er das Leiden des Bischofs nicht heilen konnte, blieb Gaßner als Kaplan in Ellwangen, wohin nun die Menge der Hilfesuchenden strömte. Es kam zu einem heftigen Streit, in dem nicht nur

Geistliche beider Konfessionen, sondern sogar regierende Häupter wie Kurfürst Maximilian III. Joseph von Bayern entschieden Stellung bezogen. Trotz zahlreichen Parteinahmen gegen Gaßner und einer Weisung Kaiser Josephs II. sah sich der Bischof erst durch das Eingreifen Pius' VI. zum Verbot von Gaßners Tätigkeit und zu seiner Versetzung auf eine niederbayrische Pfarre veranlaßt. Zu den Verteidigern des Wundertäters gehörten nicht nur Katholiken, sondern auch Johann Kaspar Lavater, evangelischer Pfarrer in Zürich, zu den Gegnern auch katholische Geistliche, wie der Münchener Theatinerpater Sterzinger – namentlich aber Schubart, dessen *Deutsche Chronik* in der ersten Hälfte des Jahres 1775 entschieden gegen Gaßner polemisierte. Dies zog ihm vor allem die Feindschaft der Jesuiten zu. Sie waren die lautesten Parteigänger des Wundertäters und spielten in der paritätisch regierten Reichsstadt Augsburg eine beträchtliche Rolle, obschon der Orden 1773 durch Klemens XIV. aufgehoben worden war, denn man hatte die Veröffentlichung dieses Ediktes in Augsburg zu hintertreiben gewußt. Schubart wurden nicht nur nächtens die Fensterscheiben eingeworfen, so daß er mit seinem Sohn unter dem Bett Schutz suchen mußte, er wurde auch durch einen Emissär des katholischen Bürgermeisters in seiner Wohnung aus dem Freundeskreis heraus verhaftet. Auf Betreiben protestantischer Freunde wurde er zwar alsbald befreit, zugleich aber der Stadt verwiesen. Die *Deutsche Chronik* hatte schon nach dem 9. Stück am 2. Mai 1774 den Verlagsort wechseln müssen; Schubart berichtet darüber: »da ich aber am Schlusse meiner Anzeige sagte: ›Und nun werfe ich mit jenem Deutschen, als er London verließ, meinen Hut in die Höhe und spreche: O England, von deiner Laune und Freiheit nur diesen Hut voll!‹ so stand der damalige, nun selige Bürgermeister von Kuhn im Senat auf und perorirte: ›Es hat sich ein Vagabund hereingeschlichen, der begehrt für sein heilloses Blatt einen Hut voll englischer Freiheit: – Nicht eine Nußschale voll soll er haben.‹

– Und hiemit wurde der Druck in Augsburg untersagt und das Blatt bei Wagner in Ulm gedruckt.«[4]

Nun, nach der Ausweisung aus Augsburg, hatte sich der Haß fanatischer Gaßner-Anhänger auf Schubart derart gesteigert, daß er für sein Leben fürchtete. Solche Furcht war nicht grundlos, wie ein Ereignis erwies, das sich wenig später in der Benediktinerabtei Wiblingen bei Ulm zutrug. Ein katholischer Jurist, Joseph Nickel, 26 Jahre alt, der mit Schubart bekannt und mehrfach für ihn eingetreten war, stand deshalb bei den Mönchen im Geruch eines Ketzers. Im Wiblinger Klosterbräuhaus, das er mit einem Begleiter besuchte, wurde er auf Befehl des Klosteroberamtmanns von Köferle festgenommen. Hauff berichtet: »Vergeblich bat Nickel um einen Verteidiger, vergeblich, daß man das Gutachten einer Universität einholen möchte, er wurde zum Tode verurteilt. Vor dem Amthaus in Wiblingen wurde ihm eine Schrift verlesen, wornach er als Gotteslästerer, der sich gegen die göttliche Majestät, die heilige Mutter Gottes, den heiligen Joseph und besonders die heilige Magdalena versündigt habe, die Todesstrafe verdiene. Hierauf wurde er auf einer Anhöhe an der Iller enthauptet und dann verbrannt, wozu verwendet wurden 8 Klafter Holz, 200 Büschel Reisig, 160 Bund Stroh, 200 Pechkränze. Die Asche wurde in die Iller geworfen. Solches geschah im Jahre des Heils 1776, am ersten Juni, Morgens 8 Uhr.«[5]

Schubart nennt dies »eine schreckliche Begebenheit, die nur im finstersten Winkel des katholischen Schwabens geschehen konnte«[6] – daß sie aber geschehen konnte, kennzeichnet die politische Situation des Deutschen Reiches, in dem ein souveräner Kleinstaat mit eigener Gerichtsbarkeit – die Klosterherrschaft Wiblingen – an den anderen – die protestantische

4 Christian Friedrich Daniel Schubart, *Gesammelte Schriften und Schicksale*, Bd. 1, S. 223.

5 Gustav Hauff (Hrsg.), *Christian Friedrich Daniel Schubarts Gedichte*, S. 13.

6 Chr. F. D. Schubart, *Gesammelte Schriften und Schicksale*, Bd. 1, S. 268.

freie Reichsstadt Ulm – grenzte. Es kennzeichnet zugleich die von fanatischer Intoleranz und Inhumanität bestimmte geistige Atmosphäre eines solchen Kleinstaates, in den die Aufklärung noch im letzten Viertel des Jahrhunderts nicht gedrungen war.

Nach solchen Erfahrungen scheint Schubarts Vermutung viel für sich zu haben: »Priesterhaß, der nicht eher verlischt, als bis er den Gegenstand seiner Wuth zerstört hat, ist die alleinige Ursache meiner Gefangenschaft. Wäre es den Pfaffen – diesen Schandflecken der besten Religion – nachgegangen, so wäre ich längst an langsamen Martern gestorben.«[7] Indes war für die mehr als zehnjährige Einkerkerung auf dem Hohenasperg der Herzog von Württemberg Karl Eugen allein verantwortlich. Eine andere Vermutung Schubarts, er sei auf Betreiben des kaiserlichen Gesandten in Ulm eingesperrt worden, weil er sich geweigert habe, auf dessen schlechtem Flügel zu spielen, ist unbeweisbar. Daß aber Schubart bei der Suche nach Gründen für seine Haft auf Mutmaßungen angewiesen war, ist klar: man hat ihm einen Grund für seine Gefangenschaft nie mitgeteilt, ein Gerichtsurteil gab es nicht, war auch unnötig. Erhalten ist ein Erlaß Karl Eugens, in dem allgemein die Rede ist von »seiner schlechten und ärgerlichen Aufführung«, »seiner sehr bösen und sogar Gotteslästerlichen Schreibart«. Er fahre »bekanntermaßen in seinem Geleise fort« und habe »es bereits in seiner Unverschämtheit so weit gebracht, daß fast kein gekröntes Haupt und kein Fürst auf dem Erdboden ist, so nicht von ihm in seinen herausgegebenen Schriften auf das freventlichste angetastet worden.«[8] Der Herzog nennt keinen substantiellen Grund, der eine zehnjährige Haft auch damals hätte legitimieren können; der Vorwurf gegen Schubarts »Schreibart« ist heute vollends unverständlich; den nachgeborenen Leser stört eher der im-

7 Chr. F. D. Schubart, *Gesammelte Schriften und Schicksale*, Bd. 1, S. 295 f.

8 David Friedrich Strauß (Hrsg.), *Christian Friedrich Daniel Schubart's Leben in seinen Briefen*, Bd. 1, S. 369 f.

mer wieder hörbare, gezwungen klingende Ton byzantinischen Herrscherlobs, zu dem sich der Verfasser der *Chronik* offenbar genötigt glaubte.
Die Erklärung, die Prutz 1862 gab, hat viel für sich; die Forschungen Wohlwills aus dem Jahre 1886 vor allem bestätigen sie: »Der Herzog wollte Schubart bessern; er wollte ihm sein Trinken, seinen Leichtsinn, sein Scandalieren abgewöhnen; es war ein pädagogisches Experiment, wie er deren auf der Karlsschule so viele machte, nur in etwas größerem Maßstab als gewöhnlich. Darum war er dem Mann selbst auch gar nicht böse.«[9] Die Annahme wird durch den Umstand gestützt, daß der Herzog Schubarts Familie mit 200 Gulden jährlich unterstützte und die Kinder in die Karls-Akademie aufnahm – wofür er denn allerdings wiederum mit den 1785/86 in der Druckerei der Karlsschule erschienenen *Sämtlichen Gedichten* einen Gewinn von 2000 Gulden einstrich; Schubart mußte sich mit der Hälfte begnügen. Man kann darüber streiten, ob das große Unrecht, das Schubart durch die Willkür des Herzogs angetan wurde, sein Leben verkürzte – indem die Haft seine Gesundheit untergrub – oder ob es im Gegenteil – durch die erzwungene Askese – sein Leben verlängerte: in jedem Falle hat die Gefangenschaft Schubarts Popularität außerordentlich gesteigert, ja, man darf vermuten, daß er ihr seine Berühmtheit bis zum heutigen Tage verdankt. Die Subskribentenliste der Akademie-Ausgabe 1785/86 zeigt eindrucksvoll, welchen Anteil man in allen Ständen nicht nur an seinen Gedichten, sondern wohl auch an seinem Schicksal nahm. Unter den Vorbestellern finden sich allein 15 deutsche Regenten, alle gesellschaftlichen Klassen sind vertreten, bis hin zu einem Leibhusaren. Und die fast 1400 Namen umfassende Liste führt keineswegs alle Käufer auf, zumal viele Städte Norddeutschlands mit solventem Lesepublikum, wie Berlin oder Hamburg, fehlen.
Das Verhalten des Herzogs jedenfalls paßt in das Bild pa-

9 Robert Prutz, *Menschen und Bücher*, S. 261 f.

triarchalischer Fürsorge eines Duodezfürsten für seine Landeskinder, zu denen Schubart indes nicht einmal gehörte; sie hatte grundsätzlich nichts Ungewöhnliches in einer Zeit, da die Staaten so klein waren, daß jeder nur geringfügig aus der Menge herausragende Kopf bemerkbar war. Was die Zeitgenossen bestürzte, war die Unverhältnismäßigkeit der Maßnahme. Aber sie fügt sich in das Bild von Karl Eugens Charakter: den Kommandanten des Hohenasperg zur Zeit von Schubarts Inhaftierung, seinen ehemaligen Günstling Philipp Friedrich Rieger, hatte er aufgrund von Verleumdungen von 1762 bis 1766 auf der Feste Hohentwiel unter unmenschlichen und entwürdigenden Bedingungen eingekerkert und erst nach intensiver Bibellektüre und Abfassung mehrerer Kirchenlieder freigelassen.

Karl Eugen war für solche »Zuchthauspädagogik« (Gaiser) geradezu prädestiniert; die Vermutung liegt nahe, daß er Schubart und anderen innere Erfahrungen vermitteln wollte, wie er sie selbst gemacht zu haben glaubte. Er hatte, vor allem nach der Trennung von seiner ersten Frau 1756, ein Herrscherleben geführt, wie man es sich ausschweifender und verschwenderischer kaum vorstellen kann. Seine Regierung war ein Willkürregiment mit Ämterschacher, Günstlingswirtschaft, Mätressen und Auspowerung der weniger als 600 000 Untertanen, die einen der prächtigsten Höfe Europas finanzieren mußten. Schillers Darstellung in *Kabale und Liebe* übertreibt mit keinem Wort, sie bleibt eher hinter der Wirklichkeit zurück. In den späteren Jahren seiner Regierung, unter dem Einfluß seiner zweiten Frau Franziska von Hohenheim, mäßigten sich Verschwendungs- und Vergnügungssucht. Es kam zu einem Akt öffentlicher Umkehr, einer pietistisch anmutenden Bekehrung, die der Katholik Karl Eugen an seinem 50. Geburtstag, dem 11. Februar 1778, vollzog: er ließ von den Kanzeln ein Schreiben verlesen, in dem er sich als reuigen Sünder darstellte, seine Verfehlungen beichtete, »die Zukunft aber einzig dem Wohle der Untertanen gewidmet er-

klärte, so daß jeder derselben jetzt getrost leben dürfe, da er in seinem Landesherrn einen sorgenden und treuen Vater verehren könne«.[10]
Der Despotismus eines solchen Fürsten und die praktisch unbegrenzten Machtmittel, die ihm und seinesgleichen zur Verfügung standen, erklären den vorsichtigen, gelegentlich das Panegyrische streifenden Ton vieler Artikel der *Deutschen Chronik,* mancher an den Herzog gerichteten Gedichte. Schubarts eigentliche Meinung kommt meist indirekt zum Ausdruck; er bedient sich der Camouflage, schreibt ironisch, verdeckt: die, die es anging, wußten, wie's gemeint war. Fabeln in Vers und Prosa zeigen indirekt, was ist und was sein soll. Daran konnte sich auch nicht viel ändern, als nach Schubarts Entlassung die Zensur für die *Chronik* eigens aufgehoben wurde. Der Herzog bewirkte damit nur, daß Schubart sich in Stuttgart unter seinen Augen aufhielt, und hinderte ihn, außer Landes um so offener gegen ihn zu schreiben. Daß Schubart, inzwischen fast fünfzigjährig und durch die Haft physisch geschwächt, auch durch pietistische Lektüre in erwünschter Weise beeinflußt, darauf einging, darf ihm nicht vorgeworfen werden: wohin hätte er sich wenden sollen? Die Freiheit, derer er bedurft hätte, war nirgends in Deutschland zu finden: dieser feurige, impulsive und gelegentlich auch jähzornige Mensch, der die Frauen liebte und sich zweimal ein »galantes Andenken vom Halse zu schaffen« hatte, wie sein Sohn Ludwig anmerkt,[11] von dem derselbe Sohn sagt: »Für alles Flüssige – ungemischtes Wasser allein ausgenommen – besaß er von Natur einen unüberwindlichen Hang«[12] – dieser durch seine Lebensführung alle Konventionen brüskierende Mann, der lieber mit dem Volk in Schenken pokulierte, statt sich bei Machthabern einzuschmeicheln – dieser launige Mann mit seiner Spottsucht, die ihm hinderlich war, wo er hätte Fuß fassen können: wo wäre Platz für ihn gewesen?

10 Paul Stälin, *Karl Eugen*, S. 387.
11 L. Schubart, *Schubarts Charakter*, S. 131.
12 L. Schubart, *Schubarts Charakter*, S. 128.

Man neigt heute leicht dazu, Freiheit einzig als politische Freiheit zu definieren. Zweifellos ist sie, so verstanden, die unerläßliche Bedingung jeder anderen Form von Freiheit, und sicherlich hätte Schubart ihrer bedurft, um leben und sich selbst verwirklichen zu können: ein Revolutionär im heutigen Sinne, der Tatkraft, Fleiß, Organisationstalent in den Dienst einer politischen Idee zu stellen vermocht hätte, war er darum nicht. Der Sohn charakterisiert ihn: »Verschiedene, die Schubart genau kannten, haben von ihm angemerkt: daß er ganz der Mann für eine Revolution gewesen wäre. – In der Tat schien ihn sein Äußeres, sein Rednertalent, seine Deklamation, sein schneller Überblick, seine Kunst im Extemporieren, vor allem seine Popularität, sehr dazu zu berufen; und ich bin sicher, daß er wie Danton (mit dem er eine sehr überraschende und in manchen Dingen an Identität grenzende Ähnlichkeit hatte), im Senate gedonnert haben würde. Um unter den ersten Bewegern zu stehen und das Ganze zu lenken, besaß er weder Tiefe, noch Stetigkeit, noch Verschwiegenheit und Fleiß genug: dazu aber hatte ihn die Natur vor Tausenden organisiert, eine schwierige, hinter den Kulissen erwogene und besprochene Sache, im Angesichte des Volks zu verhandeln; in allen Farben des Witzes und der Imagination spielen zu lassen; alle Schatten und Einwendungen davon zu entfernen, und sie mit siegendem Feuer durchzusetzen. Hiezu kam eine ihm eigene Deutlichkeit, sowohl im Vortrag, als in der Aussprache; ein sehr gesunder, durch all sein Wissen und seine Lektüre nie erstickter, durch all sein Reden und Schreiben stets wie ein frischer Quellbach rieselnder Mutterwitz; sein Enthusiasmus für Freiheit und Menschheit, seine herzliche Liebe für das Volk.«[13]

Dies macht einsichtig, inwiefern die *Deutsche Chronik* sein Lebenswerk ist: nicht nur war sie die seinem Naturell entgegenkommende Artikulationsform seines spontanen, vom Augenblick inspirierten Geistes, sie war auch das Medium,

13 L. Schubart, *Schubarts Charakter*, S. 236 f.

das ihm Resonanz verschaffte, durch das er zu wirken vermochte. Sie begründete seine Popularität, sie wirkte im Sinne der Aufklärung, verbreitete Kenntnisse über Politik, Musik, Literatur, Wissenschaften und Künste, sie war das Sprachrohr für Schubarts Begeisterung und Zorn, für Patriotismus, Freiheitsliebe und Vernunft. Er schrieb volkstümlich und wurde verstanden, die *Chronik* erschien nach seiner Angabe schon 1775 in 1600 Exemplaren, nach der Entlassung gar in 4000: eine für das 18. Jahrhundert ansehnliche Auflage, die dem Verfasser bei einem Honorar von etwa 3000 Gulden jährlich ein gutes Auskommen sicherte.

Das Blatt wurde in den meisten europäischen Hauptstädten gelesen; man schätzt bis zu 20 000 Leser. Denn Zeitungen gab es kaum, wenigstens keine Blätter von Niveau, die zugleich populär gewesen wären: als Haupthindernis standen ihnen die Zensurbestimmungen in den einzelnen Staaten gegenüber. Friedrichs II. und Josephs II. Aufhebung der Pressezensur – Schubart verehrte sie beide, nicht nur deswegen – waren »seltene und vorübergehende Ausnahmen«.[14] Bedenkt man, wie wenig in den siebziger Jahren des 18. Jahrhunderts in weiten Kreisen gelesen wurde, welch großen Respekt alles Gedruckte genoß, so muß die Wirkung der *Chronik* um ein Vielfaches höher eingeschätzt werden als die Wirkung eines modernen Blattes mit weit größerer Auflage: daher auch die Gegnerschaft, die sich ihr Verfasser zuzog, besonders nachdrücklich war. Schubart beanspruchte zudem mit dem Titel *Deutsche Chronik* weitere Verbreitung und umfassenderes Interesse als das soeben gescheiterte *Schwäbische Journal*, dessen Nachfolge sie antrat. Der Name hatte noch eine andere Bedeutung: er unterstreicht Schubarts Patriotismus, mit dem er bemüht war, deutsche Sitten und Eigenarten, deutsche Kultur und deutsches Nationalgefühl vor allem gegen die Einflüsse französischer Kultur zu behaupten. Die von Frankreich seit dem

14 Hans Krauss, in: *Deutsche Chronik*, S. XXVI.

17. Jahrhundert auf Deutschland übergreifende barocke Formkultur hatte nicht nur die Höfe und den Adel erfaßt, sondern begann, sich auf das Bürgertum auszudehnen. Die Betonung alles Deutschen gegenüber diesen Tendenzen wird verständlich, wenn man sich etwa vergegenwärtigt, daß 1786/87 der preußische Gesandte am Stuttgarter Hof mit Friedrich Wilhelm II. und Herzog Karl Eugen in französischer Sprache korrespondierte. Schubarts Patriotismus war nicht nationalistische Eigenbrötelei, wie teilweise im spätromantischen 19. Jahrhundert, schon gar nicht imperialistischer Chauvinismus, wie teilweise im 20. Jahrhundert; er bedeutete nur, daß populäre Traditionen ins Bewußtsein gehoben wurden. Das Wort »deutsch« hatte in den siebziger Jahren des 18. Jahrhunderts einen Sinn, der alle volkstümlichen kulturellen Traditionen umfaßte. Herder wandte ihn sogar auf ausländische Volkspoesie an. Schubart selbst erläutert den Titel seines Blattes, als er es mit Beginn des Jahres 1776 in *Teutsche Chronik* umbenannte, in Anlehnung an Fuldas Wörterbuch: teutsch bezeichne die Nation, deutsch »soviel wie Deutlichkeit« – er werde bemüht sein, »teutsch und deutsch zugleich zu sein«.[15]
Er verwirklichte diese zwiefache Absicht, schon vom ersten Stück an, das am 31. März 1774 erschien, durch die spontane, temperamentvolle Beurteilung aller möglichen politischen Händel, die er um so freimütiger darstellen konnte, je entfernter sie sich zutrugen. Die herausragenden politischen Vorgänge in den Jahren vor seiner Haft sind der von dem russischen Kronprätendenten Jemeljan Pugatschew angezettelte Bauernaufstand, die Auflösung des Jesuitenordens durch Klemens XIV., die Diskussion darüber, der Tod Ludwigs XV. im Mai 1774 und die Thronbesteigung seines Nachfolgers Ludwigs XVI., der erste russisch-türkische Krieg (1768–74) sowie der Beginn des Nordamerikanischen Unabhängigkeitskrieges gegen England 1775. Schubart hat diese Vorgänge nicht konsequent kommentiert, wie

15 102. Stück von 1775.

man es heute von einer Zeitung mit bestimmter politischer Richtung erwarten würde; es gibt Phasen der Unentschiedenheit, Inkonsequenzen; nicht immer war er der Parteigänger der Freiheit – den Rebellen Pugatschew verurteilt er ebenso wie böhmische Bauern, die 1775 gegen drückende Feudallasten revoltierten. Man würde es sich zu leicht machen, schriebe man alle im heutigen Sinn »reaktionären« Äußerungen dem Zwang zu, verdeckt zu schreiben.

Die schwankende, bisweilen widersprüchliche Kommentierung politischer Ereignisse hat mehrere Gründe. Der Republikaner Prutz urteilt 1862 abfällig: »Das dilettantische Wesen, mit welchem Schubart die Politik betrieb, zeigt sich auf jedem Blatte seiner Zeitschrift. Kenntnis und Urteil besitzt er nicht und seinen persönlichen Sympathien und Antipathien darf er nicht trauen, weil sie ihrer Natur nach unzuverlässig sind und wechselnd.«[16] Es ist wahr: politische Bildung besaß Schubart wohl nicht – aber wer von seinen Zeitgenossen hatte sie, es sei denn, er wäre mit politischen Aufgaben befaßt gewesen? Zudem läßt das Verdikt außer acht, wie schlecht die Nachrichtenübermittlung im 18. Jahrhundert war, wie uninformiert selbst ein politisch interessierter Untertan notwendig sein mußte. Für die Strecke von Stuttgart nach Augsburg, 162 Autobahnkilometer, sah der Fahrplan der Taxisschen Posten drei volle Tage vor, über die Hinrichtung Pugatschews am 21. Januar berichtete die *Deutsche Chronik* erst am 27. Februar 1775.

Die Nachrichten waren zudem unsicher: in einer Zeit der Kabinettspolitik und Geheimdiplomatie sah sich der Chronikschreiber wie jeder Journalist auf die Meldungen anderer Blätter verwiesen, deren Schubart nach eigener Aussage etwa 30 regelmäßig las. Andere Quellen waren Korrespondenten, vor allem aber Gerüchte. Es kam daher häufig zu Widerrufen, so zum Beispiel im Falle der falschen Nachricht vom Tode Maria Theresias im 2. Stück vom 6. Januar 1777, die Schubart im 4. Stück am 13. Januar widerrief

16 R. Prutz, *Menschen und Bücher*, S. 244.

und die man für seine Inhaftierung mit verantwortlich gemacht hat. Die Klage über die mangelhafte und unsichere Versorgung mit Neuigkeiten durchzieht die Jahrgänge der *Deutschen Chronik* wie ein Leitmotiv, sei es auch nur in Überschriften wie »Ein Blumentopf von allerhand Gerüchen« oder »Geheimnisse«. Der Untertan sah sich auf die Kannegießerei verwiesen – andere legale Möglichkeiten politischer Betätigung gab es nicht.

So lag denn die Wirkung der *Chronik* – nach dem Hohenasperg hieß sie nacheinander *Schubarts Vaterländische Chronik*, *Vaterlandschronik* und endlich bloß *Chronik* – stärker als auf politischem auf kulturellem Gebiet. Hier allerdings war sie beträchtlich: sie bewirkte in Südwestdeutschland Fortschritte der Aufklärung, indem sie als ein »ächtes Volksblatt« – wie Ludwig Schubart sie nennt[17] – starke Impulse gab. Die zeitgenössische moderne Literatur – also die Werke Lessings, Goethes, Klingers, Lenz', Stolbergs, Millers, Voss', Maler Müllers, Bürgers fanden hier, in einer kulturell wenig erschlossenen Gegend, ein Propagandaorgan, das zum Teil emphatisch für die neue Nationalliteratur warb. Schubart ließ es nicht dabei bewenden: er verbreitete diese Dichtung auch durch öffentliche Deklamationen. Klopstocks *Messias* hat er vermutlich in weiten Teilen auswendig gekannt und mit ähnlichem Temperament vorgetragen wie seine musikalischen Improvisationen auf der Orgel und am Klavier. Die Chronik und ihr Verfasser wurden so zu einer Symbolfigur für alle freiheitlichen, fortschrittlichen Tendenzen im damaligen Südwesten Deutschlands. Hier liegt Schubarts Bedeutung für Schiller, der ihn 1781 auf dem Hohenasperg besuchte und den er deutlich beeinflußte – mehr durch sein Schicksal, das Schiller 1782 sicherlich mit zur Flucht aus Stuttgart veranlaßte, als durch einzelne motivgeschichtlich belegte Abhängigkeiten wie z. B. das Gedicht »Die schlimmen Monarchen« (in der *Anthologie auf das Jahr 1782*) oder die Inspiration der

17 L. Schubart, *Schubarts Charakter*, S. 140.

*Räuber* durch Schubarts Erzählung »Zur Geschichte des menschlichen Herzens« im *Schwäbischen Magazin* von 1775.

Zeigt sich die engagierte Zeitgenossenschaft Schubarts in kultureller, gesellschaftlicher Hinsicht am deutlichsten in der *Chronik* von 1774 bis 1777, so ist seine Lyrik von spezifischem literarischem Interesse. Es ist schwer, fast unmöglich, ihn mit einem der üblichen literaturhistorischen Epochenbegriffe als Lyriker zu charakterisieren: da finden sich nebeneinander Stilelemente, die von Klopstock entlehnt sind, Dichtungen in der Art des Göttinger Hains, Poeme, die an die Anakreontik erinnern, auch barockes Pathos, geistliche Gedichte mit deutlichen Zeichen pietistischen Einflusses, politische Gedichte, wie man sie sonst nur bei Stürmern und Drängern findet. Es gibt Fabeln von ihm und Epigramme, vor allem aber populäre Gedichte, die zu Volksliedern wurden – das berühmteste ist wohl die von ihm selbst und später von Schubert vertonte »Forelle«, die 1783 auf dem Hohenasperg entstand. Andere, wie etwa das »Schwäbische Bauernlied«, werden heute noch gesungen, ohne daß man den Verfasser kennt. Würde man diese Lyrik als epigonal oder eklektisch bezeichnen, so versperrte man sich den Zugang zu den Einsichten, die sie vermitteln kann: Schubarts Gedichte präsentieren, insgesamt, nahezu das Spektrum zeitgenössischer Möglichkeiten lyrischen Ausdrucks.

Da ist zunächst ein starker Hang zur Empfindsamkeit, zu einer tränenseligen Affizierbarkeit durch rührende Begebenheiten; es ist kaum zufällig, daß Schubart mit Johann Martin Miller, dem Verfasser des noch weit tränenseligeren *Siegwart*, befreundet war. Empfindsamkeit war noch nicht zur egoistischen Sentimentalität verkommen, sondern galt als Garantie moralischer Integrität. Im November 1775 beispielsweise berichtet die *Chronik* über den Tod der Landgräfin von Hessen-Darmstadt und fügt hinzu: »Wem hier nicht Tränen in die Augen tröpfeln, mit dem möcht' ich nicht allein durch einen Wald reisen.« So entsteht einerseits die geistliche Lyrik, die Schubart, deutlich geprägt vom schwäbischen Pietismus, schon lange vor seiner Haft verfaßte: es gibt einen Band *Todesgesänge* des Achtundzwanzigjährigen. Hier tritt eine von starker pietistischer Religiosität ergriffene Frömmigkeit zutage, in der Elemente barocken Todesgrauens nachklingen: ein Motiv, das sich durch Schubarts ganzes Leben zieht und auch die »Fürstengruft« bestimmt: die Herrscherkritik ist bei ihm weit mehr moralisch-religiös als aufklärerisch-politisch. Überhaupt hat seine als politisch empfundene Dichtung hier ihre Wurzel und nicht in Einflüssen der französischen Aufklärung, die Schubarts Patriotismus fremd blieb.

Andererseits – und das ist nur scheinbar widersprüchlich – steht Empfindsamkeit in deutlicher Verbindung mit bürgerlichem Selbstverständnis, das ebenfalls nicht politisch im modernen Sinne war. Nur ausnahmsweise gibt es den empfindsamen Menschen auch bei Hofe oder im Adel, in der Regel ist er im Bürger- oder Bauernstande anzutreffen. Menschlichkeit und Moralität prägen entscheidend das Selbstverständnis vor allem des Bürgertums, das sich damit gegen die Rokokokultur der Höfe absetzt. Der Freundschaft wird in diesem Jahrhundert ein Platz neben der Liebe, der höchsten unter den menschlichen Beziehungen, eingeräumt.

Im Zusammenhang damit ist die Funktion von Schubarts Patriotismus – um dessentwillen man ihn im 19. Jahrhundert schätzte – zu sehen: der Patriotismus war eine fortschrittliche Tendenz, sofern er danach strebte, die kulturellen und politischen Rückständigkeiten auf vielen Gebieten aufzuholen und auf die deutschen Traditionen zurückgriff; Schubarts volkstümliche Gedichte, häufig in vierhebigen Knittelversen, lassen sich den gleichzeitigen Bestrebungen Herders und Goethes zuordnen, das Volkslied ins literarische Bewußtsein zu heben, ebenso wie den Balladendichtungen des Sturm und Drang, die in der ersten Hälfte der siebziger Jahre des 18. Jahrhunderts entstanden.

Daneben gibt es eine Reihe von epigrammatischen Spruchgedichten, deren witzig pointierende, bisweilen dem Pasquill angenäherte Form deutlich macht, wie sehr sich die Übergänge der Kultur ineinander verzahnen. Sie folgen dem von Paul Böckmann so genannten »Formprinzip des Witzes« und sind seit den vierziger und fünfziger Jahren des 18. Jahrhunderts eine fest etablierte Gattung der literarischen Aufklärung. Sie bot Möglichkeiten satirischen Ausdrucks, deren Schubart sich um so zwangloser bedienen konnte, als die schematisierende Trennung von Rationalismus und Aufklärung einerseits und von Sturm und Drang und irrationaler Empfindsamkeit andererseits eine Erfindung jener germanistischen Literaturgeschichtsschreibung ist, die von einer »Überwindung der Aufklärung« sprach, als ob so etwas ein Fortschritt sein könnte.
Die Widersprüchlichkeit und Inkonsequenz Schubarts demonstriert auch seine Lyrik. Man muß leider sagen, daß er mehrere Lobgedichte auf den Herzog Karl Eugen verfertigt hat, zu denen er sich als Hofpoet gezwungen sah und die zu schreiben wohl opportun war. Es sind schwache Gelegenheitsgedichte, in denen barocke literarische Traditionen fortleben und die, offenbar gegen Schubarts Überzeugung geschrieben, gezwungen klingen. Sie sind formal eigentlich schon unmöglich geworden, überholt durch die Geschichte, wie jenes »Willkomm«, auf irgendeine Rückkehr des Herzogs nach Stuttgart für den 13. Mai 1789 gedichtet, neun Wochen, bevor der Sturm auf die Bastille der literarischen Gattung des Herrscherlobs vorerst den Garaus machte.
Es scheint nicht Aufgabe der historischen Darstellung, moralische Urteile von bedingten, zeitgebundenen Positionen aus zu fällen, wie es die Literaturgeschichtsschreibung des 19. Jahrhunderts und noch des 20. anläßlich der Sichtung Schubarts oft genug getan hat. Denn auch noch dort, wo ihm die Sympathien der Nachgeborenen nicht zu folgen vermögen, zeigen seine Lebensspuren die Möglichkeiten

eines reich begabten, spontanen, ursprünglichen Menschen ebenso wie die Grenzen, an die er überall stieß bei den Versuchen, sich zu verwirklichen. Insofern ist das Leben dieses unzeitgemäßen Zeitgenossen des 18. Jahrhunderts charakteristisch nicht nur für seine Zeit.

# Inhalt

Gedichte